よくわかる 生活保護ガイドブック **2**

Q&A
生活保護
ケースワーク
支援の基本

監修：全国公的扶助研究会
編著：吉永 純＋衛藤 晃

明石書店

『よくわかる 生活保護ガイドブック』シリーズの発刊にあたって

　『よくわかる 生活保護ガイドブック』シリーズは、全国の生活保護ケースワーカー、また保護利用者、福祉関係の相談支援機関、さらに福祉関係の学生、院生、研究者向けに、生活保護の実務の運用指針である保護の実施要領や、生活保護ケースワークなど生活保護の仕事や支援の方法をわかりやすく、Q&A方式で簡潔にまとめたものです。

　私たち全国公的扶助研究会（以下、公扶研）は、今年2017年に第50回目の公的扶助研究全国セミナーを開催することができました。公扶研は、全国の生活保護ケースワーカーをはじめ、貧困と向き合い、公的扶助実践の交流や向上に取り組む福祉関係者で構成する自主的な研究会です。1965年に福祉事務所の社会福祉研究サークルの全国組織として結成され半世紀の歴史を持っています。また、結成に先立つ1963年に第1回のセミナーを箱根で行い、ほぼ毎年各地で、貧困や生活保護についての全国セミナーを開催し、今年で第50回目の節目のセミナーを迎えました。『よくわかる 生活保護ガイドブック』シリーズは、半世紀にわたる公扶研の理論的、実践的蓄積を集大成し、現代社会において、「貧困の再発見」といわれるほど、格差や貧困、生活困窮問題が広がる下で、昨日ケースワーカーになった方からベテランの方まで、現場の皆さんにとって、支援にすぐに役に立つガイドブックをコンセプトとしています。

　私たちは、憲法25条の生存権を具体化した生活保護制度が、日本において最後のセーフティネットとしてかけがえのない役割を果たしていることを踏まえ、様々な社会保障、社会福祉制度の活用と相まって、生活保護制度の最大限の活用が求められていると考えています。

　命の重みを背負っている生活保護実践や、貧困に向き合う福祉実践に本シリーズが活用されることを願ってやみません。

2017年11月
全国公的扶助研究会
会長　吉永　純

はじめに

　利用者や関係機関の方から「ケースワーカー（以下、CW）によって私（利用者）の人生が変わった」という言葉を聞くことがあります。同じ生活保護法を使い、同じ組織目標をもとにしたとしても、支援力はどうしてもプラスにも、マイナスにも、差が生じてしまう事実は否めません。

　全国公的扶助研究会が主催する研修やセミナーなどで、現役CWによく言われるのが、「新人が読む本を作ってほしい」「研修に使える本が欲しい」「ステップアップするための実践書があれば」という言葉でした。CWが実践として使える本を意識し、CWの支援する力の向上に少しでも寄与し、ニーズ、リクエストにこたえようとしたのが本書を企画した理由です。

　CWが生活問題を抱える利用者を支援するには、生活保護制度を利用しながら、ケースワークなどの支援、援助のための専門技術、知識が求められています。それらへのニーズは高いものの、実態としてはCWの支援力の弱体化が指摘されています。背景には社会構造の変化による生活問題の複雑化、多様化による支援の難しさがあるでしょうし、人事異動によるCWの経験年数の短期化、事務の増大や煩雑化などによる影響があると思われます。これらを個人の問題としてではなく、CWの育成、支援のあり方や仕組みの構築のあり方など、広く様々な局面で見ていく必要があります。

　本書では生活保護ケースワークとしていますが、個人支援であるケースワークの視点のみでは、今日の様々な複雑な問題への対応、解決ができません。本来はケースワークを包括したソーシャルワークの視点が必要であり、今後は生活保護ソーシャルワークという呼び方が主流となっていく時代が来ることでしょう。以下、本書の構成についてご説明します。

　１で生活保護ケースワークを取り巻く環境、その意義や特徴など、本書の基礎となり、次章以降の展開の前提となるものを提示しています。

　２ではケースワークを構成するCWと利用者とその関係について、一つひとつ取り上げて解説をしています。

　３では生活保護ケースワークの基本理念の「自立助長と自立支援」を、生活保護ケースワークの原理論として紹介しています。

4では実際に展開されるケースワーク、ソーシャルワークを概念としておさえ、同時に実践的なものを組み込み、明日から使えるヒントを紹介しています。

5ではCWの仕事の中心となる訪問、記録を取り上げ、CWが悩むポイントに寄り添った視点を提供しています。

6では複雑多岐にわたる生活問題を持つ利用者それぞれの問題へのケースワークを、テーマごとに解説しています。

7では今の生活保護行政において焦眉の問題として扱われている就労支援に対するケースワークについて、支援の視点を紹介しています。

8では生活保護ケースワークこその特徴といえる生活保護の諸給付や運用を使ったケースワークの展開を紹介しています。

9ではCWに必須とされる連携によるケースワークについて紹介しています。

最終章の10ではケースワークの仕事のやりがいや楽しみ、また意義を、CW個人、組織というそれぞれの面から見たポイントを紹介して、本書を締めています。

私たちは一人ひとりのCW、各機関のソーシャルワーカー、支援者、社会福祉を学ぶ学生の皆さんが本書を活用していただくことで、ケースワークの理解が進み、利用者との専門的な援助関係が構築され、有機的な支援により、一人でも多くの利用者が幸せになることを願っています。

本書は、ケースワークや諸問題、テーマに関する基礎的な理論をベースに、明日の実践に活用できるものを具体的に執筆しています。紙幅や個人情報の関係により、事例紹介は加工されていますが、ここで紹介されている事例はあくまでも一つのものに過ぎません。

私は社会福祉実践に未来はあると信じています。世の中の仕組みがいくら合理化、効率化されていっても、決して合理化、効率化しきれないものが、人の営みであり、人への支援です。そこに社会福祉の意義、価値が存在します。

小学生向けの将来の仕事探しのためのサイトに書かれていた言葉を私は忘れません。珍しく「生活保護ケースワーカー」が紹介されており、「地域を守るヒーロー」とネーミングされていました。地域で生活する住民の命、生活、健康を守るCWの仕事は、医者や警察、救急隊員とは違う社会福祉的な意味で、「地域を守るヒーロー」なのかもしれません。生活保護の仕事に少しでも意義を感じ、自信を持てるようにしたい、全国のCWの皆さんに少しでも参考として

役立てばという願いで、この本を編みました。

　最後になりますが、本書出版にあたっては企画に賛同いただき本書の公刊を引き受けていただいた明石書店の神野斉さんに対して感謝申し上げます。

　本書は全国公的扶助研究会で実践の研究をしてきた現段階での私たちの集大成です。現場で厳しい仕事の中での執筆を引き受けていただいた「なかま」の力の集結と尽力に感謝しています。

2017年11月
編著者を代表して
衛藤　晃

目　次　　よくわかる 生活保護ガイドブック②　　Q&A 生活保護ケースワーク 支援の基本

『よくわかる 生活保護ガイドブック』シリーズの発刊にあたって　　3
はじめに　　4

1 生活保護ケースワークへの招待 ⋯⋯⋯⋯⋯⋯⋯⋯⋯⋯⋯⋯⋯⋯⋯14
―――いま、なぜ　生活保護ケースワークなのか

1　貧困の拡大――誰もが生活困窮状態に陥ってもおかしくない社会 ⋯⋯14
　（1）高止まりする貧困率　　15
　（2）社会保障制度の後退　　15
　（3）ますます重要となる生活保護の役割、生活保護は「出番」　　15
2　生活保護ケースワークに必要なもの⋯⋯⋯⋯⋯⋯⋯⋯⋯⋯⋯⋯⋯⋯16
　（1）生活保護ケースワークとは　　16
　（2）生活保護ケースワークに必要なもの　　16
3　生活保護ケースワークの特徴 ⋯⋯⋯⋯⋯⋯⋯⋯⋯⋯⋯⋯⋯⋯⋯⋯⋯18
　（1）生活保護制度は「生活を丸ごと支える」強力なツール　　18
　（2）生活問題・福祉需要を「発見」し、「支援」につなげる有効な制度　　18
　（3）利用者の生活への介入度が強い制度　　19
　（4）CWと利用者の力関係、情報格差がある制度　　19
　（5）生活保護が権利であること　　20
4　ケースワーカーが置かれている現状⋯⋯⋯⋯⋯⋯⋯⋯⋯⋯⋯⋯⋯⋯20
5　いま、生活保護ケースワークに求められているもの⋯⋯⋯⋯⋯⋯⋯21

2 支援者と利用者、対象者とその関係 ⋯⋯⋯⋯⋯⋯⋯⋯⋯⋯⋯⋯22

Q1　【ケースワーカー・支援者とは？】　　22
　　CW、支援者とはどのような存在なのでしょうか？

Q2　【利用者理解】　　25
　　利用者のことをどのように理解したらよいでしょうか？　そのヒント
　　を教えてください。

Q3　【利用者との適切な距離】　　28
　　利用者との適切な距離がわかりません。親しげに話すのもかしこまり

過ぎてもおかしくなる気がします。ちょうどよい話し方をどう工夫するか教えてください。

Q4 【望ましい援助関係の作り方】 31
どういう援助関係が望ましいか教えてください。

3 自立助長と自立支援の意味 ………………………………………………34

Q5 【「自立」とは?】 34
職場で、CWの仕事の目標は"自立支援"だと聞きました。そもそも「自立」とは何でしょうか?

Q6 【経済的自立（就労自立）　日常生活自立　社会生活自立の考え方】 36
生活保護からの「自立」は経済的な自立だと思っていましたが、それ以外の形の「自立」もあると聞きました。具体的に教えてください。

Q7 【自立支援とケースワーク、ソーシャルワーク】 39
自立支援をするためのケースワーク、ソーシャルワークが必要なのはなぜなのでしょうか。ポイントがあれば教えてください。

4 ケースワークとソーシャルワーク ………………………………………42

Q8 【生活保護ケースワークの基本的プロセス・流れ】 42
生活保護における「ケースワーク」とは、どのような仕事のことですか?　どのような流れ、段階がありますか?

Q9 【新規相談からのケースワークとソーシャルワークの展開】 45
初めての相談からどのようにケースワークを展開すればよいですか。おさえておくべきポイントはありますか。

Q10 【引き継いだ世帯】 48
担当地区変更で新たに担当となった利用者へのケースワークの展開について、前任者の方針と違いすぎても利用者の負担になってしまうのではないかと悩むことが多いです。どのように自分のケースワークを展開していけばよいのでしょうか。

Q11 【ケースワークの基本・バイスティックの7原則】　51
ケースワークを実践する上でどういうことに気をつければよいのかわ
かりません。教えてください。

Q12 【ストレングス視点とエンパワメント】　54
つい利用者の問題点や弱点ばかりが目についてしまい、うまくいきません。どのような視点を持って利用者と関わることが大事ですか。

Q13 【ケースワークとソーシャルワーク】　57
「ケースワーク」と「ソーシャルワーク」の違いはなんですか?

---

5 ケースワークの基本・訪問と記録 ·····················61

Q14 【訪問の基本①】　61
訪問の目的とはどのようなものでしょうか?　また、何に気をつけて
訪問すればよいでしょうか?　訪問のタイミングやポイントを教えて
ください。

Q15 【訪問の基本②】　65
訪問の際に長く時間がかかるときがあり引き際に困ります。時間をかける面談は必要でしょうか?　あるいは不要でしょうか?

Q16 【記録の目的】　67
時々なぜ記録がいるのだろうと思うことがあります。人によっては簡
潔に、詳細にと逆のことを言われます。なぜ記録を書かなければなら
ないのか、意味を教えてください。

Q17 【記録の書き方の7つのポイント】　70
記録が苦手です。どうすればわかりやすい記録になるのでしょうか。
そのコツを教えてください。

---

6 課題別の支援のポイント ·····················73

Q18 【ひとり親世帯の支援】　73
母子・父子家庭の世帯を担当しています。子どもがまだ小さいため就
労支援を行うにも限界があると感じています。何かポイントになるこ
とがあれば教えてください。

Q19 【子どもがいる世帯への支援】 76
子どもがいる世帯を担当しているのですが、子どもに対してはどのような支援をしていけばよいのでしょうか？

Q20 【ホームレスへの支援】 78
ホームレス経験が長い人への支援をする上で気をつけるポイントを教えてください。

Q21 【高齢者への支援】 81
高齢者世帯について、どういった視点で支援を行えばよいですか。ケアマネージャーが主体となって支援体制は構築されているので、CWがどういった立ち位置で支援を行えばよいのかわかりません。

Q22 【DV・虐待被害者への支援】 83
離別母子家庭ですが、仕事に就くと言いながらなかなか進みません。子の父への養育費請求に拒否的です。婚姻時に元夫からの暴力があったのですが、離婚後の時間も経っており、現在、暴力はありません。どうしたらよいでしょうか。

Q23 【債務・浪費に対する支援】 86
保護費が支給されても、すぐに使ってしまい、窓口に「お金がない」と相談に来る方がいます。どうしたらよいでしょうか？

Q24 【病気のある人への支援】 89
病気のことが難しくてよくわかりません。利用者を支援するときにどのようにして医療機関と連携したらよいですか？

Q25 【身体障害のある人への支援】 91
身体障害のある人への支援はどのようにすればよいのでしょうか？

Q26 【知的障害のある人への支援】 94
知的障害のある人を担当することになりましたが、どのように向き合ったらよいかわかりません。教えてください。

Q27 【発達障害が疑われる人への支援】 97
就職がなかなか決まらなかったり、就職しても長続きしなかったりする利用者がいます。日ごろ接している中で、コミュニケーションでの食い違いが目立つようになりました。どういった支援を展開していけばよいのかわかりません。

Q28 【精神疾患のある人への支援】 100
統合失調症やうつ病等の精神疾患の利用者への関わり方がわかりません。

Q29 【アルコール依存症の人への支援①】 103
アルコール依存症と思われる人や診断されている人への関わり方がわかりません。一生治らない病気だと聞きましたが、どう向き合えばよいのでしょうか。

Q30 【アルコール依存症の人への支援②】 106
CWがアルコール問題に気づいた後に、具体的にどうすればよいのかわかりません。どのような支援の展開をするのかを教えてください。

Q31 【ひきこもり状態の人への支援】 109
社会的に問題になっているひきこもりの人への支援の仕方がわかりません。どのようなアプローチをすればよいかわからず、困っています。

Q32 【自殺を考える人、希死念慮のある人への支援】 112
自殺をいつも考えている人を担当しています。話をどこまで聞けばよいのか、どのような対応をしたらよいのかわかりません。気をつけるポイントを教えてください。

Q33 【パーソナリティに障害のある人への支援】 115
パーソナリティ障害を持っていると思われる人がいるのですが、対応がわかりません。どうしたらよいでしょうか。

Q34 【若者への支援】 118
若者からの保護申請があると、その気になれば就職はすぐに決まるのに、努力次第ではないかと思ってしまいます。

7 就労支援ソーシャルワーク ……………………………………………………… 121

Q35 【就労支援と就労指導】 121
就労を考える際、現場では「就労支援」「就労指導」の両方の言葉を聞きます。この二つの違い、使い分けはどう考えればよいですか?

Q36 【一見、就労意欲のない人への支援】 124
稼働年齢層に当たるため病状聴取をし、その結果、就労可能であったため、就労指導をしているのですが、まったく意欲がなく困っています。

Q37 【仕事が続かない若い人への支援】　126
なかなか仕事が続かない若い人がいます。やる気がないように思えるのですが、どのように指導していくべきか悩んでいます。

Q38 【子どもがいる世帯への就労支援】　129
子どものいる世帯の就労支援に困っています。子どもの育児が忙しいと言われてしまうとどのように就労支援してよいかわかりません。何か良い就労支援の方法はありませんか？

Q39 【病気、障害と就労支援】　132
疾病や障害を抱えた人の就労支援はどのように考えればよいですか？

8　生活保護制度の強みを活かしたケースワーク ……………………… 134

Q40 【扶養照会とケースワーク】　134
扶養照会を頑なに拒否しています。実施要領上は調査が必要ですが、理解してもらえません。今後の信頼関係にも影響しそうで、どうしたらよいかわかりません。

Q41 【救護施設の利用】　137
身寄りのない軽度の知的障害を持つ人が単身生活をしていたのですが、犯罪に巻き込まれ、今の住宅での生活が困難になっています。どう支援すればよいのか教えてください。

Q42 【医療扶助とケースワーク】　139
ケースワークの中で、医療扶助を有効に活用した展開で、成果が上がることがあると聞きましたが、どのようなものか教えてください。

Q43 【就労支援と収入認定】　142
就労しても保護費から引かれるだけではないかという質問がよくあり、答えに困り、平行線をたどることがあります。どうすれば上手く説明できるのでしょうか。

9　連携・協働 ……………………………………………………………… 144

Q44 【医療機関との連携】　144
医療機関から、患者である利用者の生活援助をしっかりやってくださ

いと言われましたが、何をどうしたらよいかわかりません。

Q45 【高齢者への支援と連携】　147
高齢者の支援をするにあたり、様々な機関との連携は重要だと思います
が、なかなかうまくいきません。CWとして何をどこまですればよ
いのか、役割分担がわかりません。どうしたらよいでしょうか。

Q46 【障害者への支援と連携】　150
障害がある人を担当することになったのですが、どのように関係機関
と関わればよいのでしょうか。

Q47 【子どもへの支援と連携】　153
担当している世帯の子どもとなかなか会えません。どうすれば子ども
の状況を把握し必要な支援ができますか？

Q48 【地域との連携】　155
利用者が抱える生活課題が既存の制度だけでは解決できません。どの
ような支援の方法があるでしょうか。

10 ケースワーカーとして、組織として、福祉事務所の中で はぐくむチカラ……………………………………………………157

Q49 【人づくり（CWとしての成長のために）】　157
CW個人として今後の実践で気をつけていくことはどのようなことで
しょうか？　そのためには何をしていけばよいでしょうか。

Q50 【魅力的な職場づくり】　161
CWとして成長していくために、組織との関係を考えた場合、どのよ
うな視点を重視していく必要があるのでしょうか。

【凡例】
・ケースワーカー：ＣＷと略しています。
・生活保護の利用者：現場等では、ケース、クライアント、被保護者、生活保護利
　用者、対象者など、様々な呼び方がされていますが、本書としては引用や文脈上
　必要なもの以外は基本的に「利用者」としています。
・事例の扱い：事例は、特定されないように加工しています。

1 生活保護ケースワークへの招待
——いま、なぜ　生活保護ケースワークなのか

「なぜ貧困は起きるのか」、「なぜ生活保護制度は存在するのか」、「なぜ生活保護は社会福祉の一つとしての役割を担うのか」など、生活保護や社会福祉の原点への理解がCWに求められており、そこに支援の成否の鍵があります。個人に現れている貧困問題を、社会構造の中から生まれた社会問題として理解できるかどうかが、最初の分岐点だと思われます。

生活保護や社会福祉の意義は、その人らしい人生を保障する人権の保障であり、それがケースワークの「価値」です。ケースワーク実践は、援助技法などの「技術」、法制度や諸サービスの「知識」並びに、「価値」を身につけることが、その第一歩です。

本章では、次章2以降の具体的なケースワークの前提として、生活保護制度が対象とする生活困窮や貧困が現代社会においてどのような状況にあるか、また、なぜ生活保護ケースワークが必要なのか、さらに、生活保護ケースワークの特徴やCWが置かれている状況、そして生活保護ケースワークの課題に言及します。

1　貧困の拡大——誰もが生活困窮状態に陥ってもおかしくない社会

まず現代社会が『一億総貧困時代』（雨宮処凛）といってよいほど貧困が拡大している社会であることを確認したいと思います。また、貧困が拡大する下では、社会保障制度によって、市民生活は守られなければなりませんが、最近の社会保障制度は、残念ながら、保険料と利用時の一部負担の増額、年金などの給付減、介護保険の給付制限など後退といってもよい状況にあります。これらの状況は、社会保障制度の中での生活保護制度の比重を高め、生活保護制度の「出番」ともいえる状況が作り出されていること、したがって、生活保護ケースワークも同様であることを示しています。

（1）高止まりする貧困率

　2017年6月発表の国民生活基礎調査によれば、若干改善されたとはいえ、依然として、相対的貧困率は15.6％（2016年調査）と6.4人に1人（人口で、1,982万人）が貧困状態にあります。子どもの貧困率は13.9％と7人に1人の子どもが、またひとり親では、50.8％と2人に1人が貧困状態にあります。日本はOECD諸国の中でも有数の貧困大国です。

　今回の調査では、標準的な収入である所得中央値（単身・可処分所得）が245万円と前回（244万円）とほぼ同額で改善されていません。したがって、その2分の1である貧困線（それ未満が貧困とされる収入額）も年収122万円（単身世帯、月収10万2千円）と変わりませんでした。その上問題なのは、日本において貧困線が、1997年の149万円から下がり続け、年収で27万円も下がっていることです。この20年の傾向は、市民の所得が下がる一方で（すなわち国民生活の地盤沈下が進んでいる）、貧困率が拡大していることです。このまま推移すれば『中間層消滅』（駒村康平）が危惧される状況にあります。

（2）社会保障制度の後退

　こうした貧困の拡大に対しては、その原因を除去し、所得再配分を進めなければなりません。また貧困に陥った場合には、社会保険をはじめとする社会保障給付や社会福祉サービスによって生活が支えられなければなりません。

　しかし、現在の社会保障政策は社会保険料や給付時の負担増や給付制限が基調となっています。例えば、年金しか収入がない高齢者世帯は54.1％に達していますが（国民生活基礎調査）、基礎年金のみの高齢者の年金額は50,862円にとどまっています（754万人、平成27年度　厚生年金・国民年金事業の概況）。生活保護基準を下回る水準です。また、貯蓄100万円未満の高齢者世帯は21.5％に達しています。このような世帯は何らかのきっかけで要保護水準に至る可能性が高い生活保護予備軍といってもよいでしょう。

　また、働ける年齢層（稼働年齢層）においても、求人は増加していますが、非正規労働者が4割を占める状況の下では、たとえ就職しても安定して収入を得ることができず、実質賃金は停滞しています。

（3）ますます重要となる生活保護の役割、生活保護は「出番」

　『すべり台社会』（湯浅誠：失業や病気、離別など何らかの生活上のアクシデ

ントが起きた場合に、社会保障制度によってはストップがかからず、滑り台のように貧困状態に至る社会のこと）といわれて久しいのですが、その社会構造には基本的な変化がなく、依然として、有力な生活保障制度としては、後にも先にも生活保護しかない状況が続いています。私たちCWをはじめとする福祉関係者は、このような社会構造を見据えて、生活保護の最大限活用を図り、市民の生存権を保障することが重要な責務となっていることを認識すべきでしょう。

2 生活保護ケースワークに必要なもの

(1) 生活保護ケースワークとは

　生活保護の仕事は、大きく、保護の実施要領（通知集）とケースワーク（対人援助）の2つの柱で成り立っています。前者が「骨」だとすれば、後者は「肉」ともいえ、両者相まって初めて生活保護の仕事は十分なものになります。本書で扱うのは「肉」である保護のケースワークです。

　また、生活保護の目的は、健康で文化的な最低生活の保障と自立助長にありますが（法1条）、ケースワークは、保護利用者の需要（ニーズ）を把握し、これに即応して必要な扶助を提供することと（最低生活保障）、生活保護を含む様々な社会資源を活用するとともに関係機関と連携して、利用者の自立を支援すること（自立助長）の双方に関わる対人援助と位置づけられます。

(2) 生活保護ケースワークに必要なもの

ア　貧困の原因である様々な問題の軽減除去のためには、多様な社会保障、社会福祉の知識が必要となります（知識）

　まず貧困は結果であり、その原因は様々であることをおさえる必要があります。生活保護制度は、困窮原因を問うことなく、経済的な困窮状態に着目して（無差別平等原理、法2条）、最低生活費と収入を比較して不足分を保障する制度です。しかし、それだけでは、とりあえず経済的な最低生活は保障されますが（それが重要なことであることはいうまでもありませんが）、生活保護制度を適用した時点では困窮原因については何ら解決されてはいません。ご承知のように、困窮状態に至る理由は様々です。失業、低賃金、不安定雇用など雇用に関する原因、病気や障害、ひきこもり、離別、低年金、多重債務等々多様です。

このような困窮原因を軽減、除去しなければ困窮状態は真に解消されません。そして、このような困窮原因は、現代社会において様々に絡み合い複合化しているのが一般的ですから、その解決には、専門的で幅広い知識による、様々な関係機関と連携した対処が欠かせないのです。例えば、雇用保険、健康保険、年金保険、介護保険等社会保険に関する知識、精神疾患、依存症、発達障害、虐待等病気や福祉的課題に関する知識、働ける人への自己実現も含む就労支援の知識が必要です。また、これらに対処する専門機関がどのような役割を担っているのかを知っておかなくては、連携はできません。このように、貧困原因を軽減・除去するには社会保障、社会福祉の広範な知識とその使い方を知っていること、すなわち、生活保護ケースワークには「知識」が必要なのです。

イ　貧困が人間を通じて現れることから、対人援助技術が必要となります（技術）

　貧困は人間を通して現れます。貧困は人間の可能性や潜在能力を抑圧し、時には人格を歪める要因になったりします。貧困によって人間は希望を失い、ときには人生を諦め、孤立してしまいます。自暴自棄になったり、攻撃的になったりすることもあります。そして、貧困の現れ方は各個人によって異なり、千差万別といってもよいでしょう。このような貧困に向き合う場合、その人の思いをしっかり受け止め、現状をしっかり聴き取り、ともに生活問題に対処する姿勢を示して、これからの支援の計画を立てて、利用者と合意して、その解決を支援する必要があります。そのプロセスは、人間をまずどのようなものと見るか、その心理状態、精神状態をどのように把握するか、それらを踏まえどのような態度、話し方、聴き取り方で接するべきか、支援方針を立てるときの調査のポイント、範囲をどのように設定すべきなど、優れて専門的な技術を要します。また、貧困のために見えなくなっている、その方のストレングス（強み）を発見し、励まし、エンパワメントすることも重要です。すなわち、貧困の原因の軽減・除去のためには、以上のような、人間の可能性を引き出すための対人援助技術である、ケースワークの「技術」を身につけることが必須となるのです。

ウ　個人の尊重、生存権を保障するという価値観が必要となります（価値）

　このような知識と技術は、貧困に対する科学的な見方、しっかりした人間観や人権意識に根差す必要があります。貧困の原因は社会にあり個人にはないこ

とは、生活保護制度や今日の社会保障制度の大前提であるはずなのですが、自己責任を基調とする現代社会にあっては、知らず知らずのうちに、困窮原因を保護利用者の責任に帰してしまいがちになります。また、今日の社会福祉制度のコンセプトが個人の尊厳にあることはあまりにも自明のことなのですが、現金給付の決定権をCWが担っていることから、意識するとしないとにかかわらず、上から目線で保護利用者に接したり、利用者の意向や真意を無視して、パターナリスティック（弱い立場の人に自分の考えを押しつける）な対応をしてしまうことがあります。保護利用者の方は、そうしたCWの対応に疑問を感じていても、「CWに自分の生活を握られている」と感じているのが普通ですから、おとなしく従ってしまいがちです。このような不適切な対応を防ぐには、ケースワークの目標である、個人の尊厳や個人の尊重（憲法13条）、生存権（憲法25条）を前提に、今日の社会福祉の共通のコンセプトである、自己決定や自立、利用者本位、対等性の確保、選択の自由等への揺るぎない確信や価値観が必要となります。すなわち生活保護ケースワークこそ、ケースワークの最も根本にある「価値」を踏まえなければなりません。

3 生活保護ケースワークの特徴

次に、生活保護ケースワークが駆使することになる生活保護制度の特徴を述べます。

(1) 生活保護制度は「生活を丸ごと支える」強力なツール

生活保護は、文字通り、ゆりかごから墓場までの8つの扶助によって、人間の生活を丸ごと支える制度です。生活扶助などは一般の生活水準の6割程度を保障しますが、医療、介護は、一般の利用者（非保護利用者）と同じ水準を保障しています（命、介護という人間の基幹的ニーズに差別があってはならないため）。この意味で、生活保護制度は、生活費の保障水準はともかく、その利用によって何とか最低限度の生活が保障され、命をつなぐことができる貴重な制度です。

(2) 生活問題・福祉需要を「発見」し、「支援」につなげる有効な制度

生活保護制度には、生活保護の利用条件の確認と自立助長の支援のために、

CWに様々な調査権限が付与されています。また、定期的な家庭訪問によって、家庭生活を直接観察することができ、生活上の需要（ニーズ）の発見が可能です。医療機関への調査や様々な判定機関への調査を通じて利用者のニーズを客観的に把握できます。さらに、定期的な生活費では足りない場合の一時扶助の活用や、基準生活費では生活需要を満たせない場合の特別基準の設定なども可能です。

　つまり、CWは利用者の身近にいて、利用者の生活実態を一番よく知っている福祉の専門職なのです。そのために、実施要領においても様々な裁量が付与されています。このようなポジションにいることを活用すれば、利用者の生活の向上に大きく貢献できる可能性があるのです。

（3）利用者の生活への介入度が強い制度

　上記のような権限を生かし、適切な助言や支援があれば、利用者の生活が劇的に展開する可能性がある一方、不適切な指導等によって、利用者の人生を歪めかねない危険性も孕んでおり、十分に留意する必要があります。

　例えば、前者の例としては、大学進学を希望していた高校3年生が、「生活保護受給者という立場で大学進学をOKされるかどうかまったくわからない恐怖の中」、CWに相談したところ、CWから「今はみんな大学に行っている時代だから、ぜひ行った方がいいよ」と励まされ、「夜学であれば、生活保護を受給しながらでも世帯分離をしないまま通うことができる」と助言があり、このアドバイスにより、この高校生は進学希望がかなって夜間の大学に通うことができ、世帯に自立に近づいた例があります。他方、後者の例としては、稼働能力の活用が不十分だとして文書指示を行い、保護廃止直前までいったところ、実は、外見上はまったくわからなかった、読み書きができない学習障害であることが判明し、廃止寸前にことなきを得た例などがあります。

　CWは自らの助言が重要な影響力があることを常に自覚して、利用者の相談に応じなければなりません。

（4）CWと利用者の力関係、情報格差がある制度

　上記のような強い権限があるため、利用者は、前述のように「CWに生活を握られている」と思っている方が多くおられます。いわば、CWは「絶対権力者」ともいえます（小田原市「生活保護行政のあり方検討会報告書」）。さらに、

生活保護制度が複雑なため、利用者とCWの間には、圧倒的な情報格差があります。CWはこのような格差を認識し、常に留意し、謙虚にケースワークを行わなければ、独りよがりの支援、不十分な支援に陥る恐れがあります。

(5) 生活保護が権利であること

　当然のことですが、生活保護が権利であることから、福祉事務所による不利益処分に対しては、不服申立てができ、処分が違法、不当と判断されれば、当該処分は取り消されます。そして、審査請求において、保護申請者、利用者の主張が認められる認容裁決や、福祉事務所が自らの処分を取り消す原処分取り消しによる却下裁決は、合計25％に達しており（2011年度、福祉行政報告例）他の行政不服審査と比べて高い率となっています。また、裁判においても、一般に行政訴訟における原告（市民）の勝訴率は低いのですが、生活保護においては相当な高率（筆者が知り得る限りでは5割程度）となっています。このことは、生活保護においては、行政側に問題がある処分が少なからず出されていることを示しており、そうした処分をしないように、当然のことですが、様々な決定を行うにあたっては、法や実施要領における根拠を十分に確認するなど留意しなくてはなりません。

4　ケースワーカーが置かれている現状

　やや古い数字ですが、2010年にCWは全国で15,231人が従事していました（2014年、総務省行政評価局調べ。保護世帯数増により現在はそれよりも多いと思われる）。日本におけるソーシャルワーカーの仕事の領域としては、一大領域といってもよい領域です。ただ、残念ながらその専門性は社会福祉主事資格しか求められておらず、高いとはいえません。その社会福祉主事資格の保有率も77％にとどまっています。また頻繁な人事異動があるため、経験年数は、3年未満が67％になっています（2012年）。

　他方、CWが使いこなすべき保護手帳は900頁を超えています。経験的にはCWとして一通りのことがわかるのに3年、一人前になるには最低5年はかかるといわれています。

　このようなCWの置かれている現状を踏まえると、市民の生存権を守るという重要な仕事を担い、また、権限や介入度が強いCWの専門性を抜本的に強化

することは喫緊の課題です。差し当たり、大学等で社会福祉の専門的な教育を
受けた人材の福祉職採用を進め、そのような職員と熱意ある一般行政職採用職
員をコア（中核）とする職員配置を進めるなどの改善が急務です。

5　いま、生活保護ケースワークに求められているもの

　以上、簡単に見てきたように、生活保護制度の重要性とそれを担うCWの役
割は今後強まることはあっても、弱まることは決してないと思われます。生活
困窮者自立支援制度ができて2年半が経ちますが、生活全体を保障する制度と
しての生活保護制度の重要性はいささかも揺るぎないと思われます。

　CWは、常に「命の重みを背負って」仕事をしています。そして、利用者の
生存を保障するとともに、その可能性の実現をめざして、「ともに命を輝かす」
ための仕事をしています。いったん、貧困に陥らざるを得なかった人々の命を
支え、寄り添い、その可能性を引き出す支援は、私たち自身の「命」をも輝かす
貴重な実践ではないでしょうか。本書を片手に、このようなケースワーク実践
をともにめざしましょう。

2 支援者と利用者、対象者とその関係

　私たちが支援する対象である個人、集団、組織を理解し、自らをどういう存在なのかを理解する必要があります。CWは「権力」を持っていることを自覚し、知らず知らずのうちに利用者に対して優位な関係を持ちがちになることを常に内省し、意識したいものです。生活保護においてもケースワークに必要な利用者との信頼関係＝ラポールの構築が基本となります。CWが将来を見据えて寄り添い、CWと利用者と関係機関の協働による支援を担保するには、個人を尊重した人権意識のもとでの支援が望まれます。

Q1 【ケースワーカー・支援者とは？】
CW、支援者とはどのような存在なのでしょうか？

A1 CWとは、ケースワークなどの技術を使って相談者と社会福祉の制度を結びつけるプロフェッショナルな存在です。社会福祉の制度を活用して人の生活を支えるソーシャルワーカーともいえます。

1 あなたもプロフェッショナルです！

　「え！　私がプロフェッショナルですか？　専門的な資格も持っていないし……」。そう考える方も多いのではないかと思います。CWの中には、社会福祉士、精神保健福祉士などの国家資格を取得している方もいます。しかし、それがなければ相談援助の仕事ができないわけではありません。利用者から見れば、相談機関で仕事をされている皆さんは立派なプロフェッショナルなのです。利用者の方にとっても、自分にとっても良い仕事をしていくために、人を支援していくことについて一緒に考えていきましょう。

2　人を支援していくということとは？

　あなたは、「人を支援する」行為をどのようなものと考えていますか？　大学で社会福祉関係の勉強をされて専門職として就職された方、まったく別の分野の勉強や仕事をされていて、たまたま人事異動で今の職場に来られた方、今の仕事に就く経緯は人それぞれだと思います。筆者の場合は後者でした。国民健康保険課での事務職から福祉事務所の高齢者担当CWとして異動してきたのです。正直なところ、「対人援助」の仕事をしているという意識は薄く、いわゆる地方自治体の公務員として「給料を得るために」働いていたのだと思います。高齢者担当、生活保護担当のCWとして働く中で、多くの人たちの人生に関わらせていただきました。その中で考えたことは、私たちCWの仕事は、「制度に血を通わせて、その人の生活を支えていく」ことだということです。

3　対人援助で必要とされるもの

　「個人と制度を結びつけていく」。これには様々な制度や援助に関する知識が必要になります。また、その知識を活用する技術（面接や連携の技術など）も求められます。さらには、知識や技術をどう使うべきかといった理念（＝価値）が必要になります。その理念とは何でしょうか？　今の私は次のように考えています。「利用者の尊厳を尊重する。その人らしい人生がまっとうできることを支援する」。言うは易く行うは難し、です。実際には、主体であるはずの利用者が置き去りにされ、支援者の都合で援助が進んでしまうことが往々にしてあるのです。

4　生活保護での対人援助の特性とは？

　生活保護制度における社会福祉実践（ソーシャルワーク）の独自性があります。生活保護法は、「最低生活保障」と「自立助長」という二つの目的を持っています。そこでのソーシャルワークの特性を新保（2015）は、①利用者の「大変さ」に寄り添う仕事、②利用者との「葛藤」が生じやすい仕事、③結果の見えにくい仕事、④CWの判断が求められる仕事である　と指摘しています。つまり、社会福祉での対人援助と並行して、社会保障での支給決定を、すなわち「（お金を）出す、出さない」を判断しなければならないという特殊性が存在するのです。いわゆる「経済給付と対人援助の一体論・分離論」（生活保護における経済給付と対人援助は現行制度のように一体的に同一人が行うべきか、分離して別人が行うべ

きか)という歴史的論争にもつながってくるのです。人と人との関係の平等さは、その関係が相互に入れ替わる可能性の程度によって測れます。それを考えると、CWと利用者との関係は、権力関係に近い不平等なものであるといえるのです。利用者は、あくまでも生活費(社会保障給付)を求めているのであって、CWによる対人援助を求めているのではない場合も多いのです。援助者側の無自覚なお節介に注意していくことも時には必要になります。

5 尊厳を尊重できる支援者になるために

また、支援者(CW)は、援助する主体であると同時に援助を困難にする存在でもあるのです。岩間(2014)は、相談者個人、それを取り巻く社会、支援者という要因が複合して支援困難な事例を生み出すと指摘しています。支援が膠着した場合、私たちはその責任を利用者個人の特性や社会資源の不足に求めがちです。しかし、実は支援者側の不適切な対応が援助関係をこじらせていることも多いのです。支援者の特性なのか、どうしてもそこに目を向けることが難しいのです。だからこそ、利用者と支援者との良好な援助関係の構築や維持が必要になってくるのです。カウンター越しにいがみ合う関係に陥らず、その人の尊厳を尊重できる支援者をめざして対人援助の奥深さを学んでいきましょう。

【参考文献】
・新保美香(2015)「ケースワーカーのための生活保護実践講座・第1回　生活保護実践の特性とケースワーカーの役割」『生活と福祉2015年6月号』全国社会福祉協議会
・東京ソーシャルワーク編(2014)『How to 生活保護　生活保護法改訂対応版』現代書館
・岩間伸之(2014)『支援困難事例と向き合う──18事例から学ぶ援助の視点と方法』中央法規出版

2 支援者と利用者、対象者とその関係

Q2 【利用者理解】
利用者のことをどのように理解したらよいでしょうか？　そのヒントを教えてください。

A2 まず「相手を完全に理解することはできない」ことを念頭に置きましょう。しかし、理解したいという姿勢が、利用者との援助関係を良好にしていきます。そして、関係が良好になると、より相手を理解することができるのです。

1　生活保護を相談に訪れる相談者の気持ちとは？

　相談者が生活保護を利用する経過には、外からはわからない様々な事情があります。

　これまで自分なりに問題を解決しようと精一杯努力してきたけれども、解決には至らず困り果てて福祉事務所に来られる場合がほとんどです。利用者の中には、自分たちで解決できなかったことに挫折感を感じていたり、周囲の人たちに不信感や負い目を持ったりする人も多いです。こうした気持ちや感情が背景にあって、利用者が時に援助者へ感情的な言動をする場合もあるのです。私たちは、このような言動を前にして利用者へ否定的な態度を取ることもあります。感情的な言動と拒否的な態度、これが援助の悪循環を招く場合も多いのです。ここでは、次の文献で利用者を理解していくヒントを考えていきましょう。

2　『コモン・ヒューマン・ニーズ』を参考に

　シャルロット・トールが1945年にアメリカの公的扶助ワーカーの訓練のために書いたものです。公的扶助の相談に訪れる利用者が、ごく一般的な人間として持っている感情と行動をとてもわかりやすく述べています。時代を感じさせない名著で、多くの視点を私たちに与えてくれます。

(1)「利用者がいかに感じるかということは、何を考え、行動し、機関のサービスをどのように活用するかを決定づける」

　利用者が自分の不安を解消できるのは、自らが自分の気持ちを十分に表現できたときです。生活保護の相談に来られる市民の多くは、今の生活に不安を抱

25

えています。面接者はその不安を取り除き安心して語ることができる関わりを作ることが必要です。そのためにも、利用者の不安が緩和できるように、生活保護に関する情報や、手続きの進め方をわかりやすく説明する必要性があります。

(2)「利用者は不安と期待を持ち相談に訪れる」

どんな利用者も「相談して問題が解決するかどうか」という不安と期待といった気持ちを抱いています。この気持ちを理解して、利用者が安心できるようにその訴えを尊重しながら丁寧に対応することが大切です。そのことによって、利用者とCWとの建設的な援助関係が作られていきます。

(3)「人は不安を持っているときには、責任を引き受けることができない」

人は誰でも不安を持っているときには、責任を引き受けられず、他に転嫁したくなる傾向があることを認識しておきましょう。そうしないと、「なんでこの人は！」と利用者へ不全感を抱くことになります。できるだけ利用者の不安を取り除くように必要な情報を提供していくなどの対応をしていく必要があります。

(4)「人は変化に抵抗する傾向を持つ」

自分の生活習慣を変えるのがいかに難しいかはよくご存じだと思います。人は誰でも変化に抵抗する傾向を持っているものです。しかし利用者のニーズがなんらかの援助によって満たされたとき、初めて自分の状況を受け入れることができるものです。そして、利用者自身が責任を持って自分の課題を解決することができるようになるのです。ですから、スモールステップで利用者のニーズを充足していく援助を心がけていきましょう。

(5)「人は『退行』することにより順応しようとする傾向を持つ」

「退行」とは精神分析的な言葉になりますが、要するに大人が「子ども返り」するような現象です。例えば、人に迷惑をかけて世話してもらうことを求めたり、人への依存を強めて自分を安定しようとすることです。利用者が困難な局面に立たされたときにはそのような状態になる場合もあること、生活を立て直す過程でこのような状態が一時的に必要になることを理解しておきましょう。

(6)「人は誰でも、自分自身の生活をよりよいものにしようとする前向きな力を持っている」

利用者は、社会福祉の制度やそれを運用する援助者の存在を活用しながら、自分自身の力で自らの生活をより良くしていこうとする前向きな力を必ず持っ

26

ています。これは、対人援助の「価値」にもつながっていくものです。支援する際には、この力を信じて関わるようにしましょう。

3 利用者を理解することは、自分を理解していくこと

　理解する力とは、利用者の感情を読み取り、それに適切に対応していく力ともいえます。利用者が生きてきた時代背景や社会情勢も考え合わせる必要があります。援助者の側も、自分の人への見方の癖を自覚し、感情のコントロールを必要とします。一朝一夕にはいきません。終わりなき試行錯誤を伴います。「反省的実践家」を心がけてください。スーパービジョンや研修などの機会を利用して自己覚知の向上に努めていきましょう。

【参考文献】
・新保美香(2005)『生活保護スーパービジョン基礎講座』全国社会福祉協議会
・シャルロット・トール／小松源助訳(1990)『コモン・ヒューマン・ニーズ』中央法規出版

Q3 　**【利用者との適切な距離】**
　利用者との適切な距離がわかりません。親しげ
に話すのもかしこまり過ぎてもおかしくなる気
がします。ちょうどよい話し方をどう工夫する
か教えてください。

A3 　「適切な距離」は、一人ひとり異なるものです。親しげに話
す方がよい場合もあり、反対の場合がよい場合もあります。
CWと利用者という専門的な援助関係での距離の作り方を
考えてみましょう。

1　適切な距離の作り方

　利用者との適切な距離の取り方を考えるとき、まず必要なのが「その人にと
ってのパーソナルスペースはどのくらいの広さか？」を知ることです。パーソ
ナルスペースとは、他人に近づかれると不快に感じる空間のことで、パーソナ
ルエリアとも呼ばれます。性格や性別、民族、文化によってもこの広さは異な
ります。アメリカの文化人類学者、エドワード・ホールによると、最も近い
「密接距離」は0〜45cm、「社会的距離」は1.2〜3.5mです。その間の距離で自
分と相手の不快にならない距離を探るわけです。これには、自分自身のパーソ
ナルスペースを自覚していく必要があります。

　50代後半の男性の部屋へ初めて家庭訪問したときです。居間に通していた
だきましたが、お互いを遮る机などはありませんでした。利用者の方もひどく
緊張されている様子です。「さて、どうしたものか？」と考えました。その方が
安心できるように長めの距離で座りました。相手と真正面から向かい合わずや
や斜めに向きました。しばらく話をしていると場も和み、この方も安心してき
たようです。自分の姿勢も正面を向くようにして、もう少し近い距離に座布団
を移動しました。このときには、自分も不快にならない感覚に注意を向けてい
ることが大切です。

2　ぶつからない関係を作る

　お互いに苦にならない距離が作れたら、次にお互いがぶつからないコミュニ

28

ケーションを作っていきましょう。認知行動療法[1]では、「押されたら、押し返すか、逃げる」という関係の原則があります。つまり、援助者が意識的であれ無意識的であれ、相手を圧迫したり、攻撃したり、無視したりするような「押す」メッセージを送ると、相手は対抗して押し返してくるか、逃げるかの行動を取るのです。このように、ぶつかりあってしまう関係の背後には、援助者側に相手の話を聞いていない、共感できていない、支持的な関係が築けていないなどの要因が、利用者の側に内面の葛藤、思い込みがあるといわれています。利用者と一緒に課題を解決していく伴走型の支援を行うためには、ぶつかりあう関係を避ける工夫が必要になってきます。

　40代の女性の利用者です。5年間うつ病の治療を受けていますが、少しも改善されていないと感じています。彼女はCWにこう問いかけます。「結局、何をやってもムダだと思うのです。私はよくならないのでしょ？」。CWは、つい自分の考えを伝えました。「そんなことないですよ。もっと明るい面を見ないと」。彼女は「でも……」と困惑した表情で応えました。これが押してしまう形なのです。利用者側から「でも」、「しかし」、「そうじゃなくて」という返答が出たらそのサインです。

　ここでCWが相手の絶望感や失望、悲しさという感情に焦点を当てて、「5年間も頑張ってよくならないとしたら、きっと絶望的な気持ちになるでしょうね」と応答するとどうでしょうか？　彼女は「そうなんです。もうだめなんではないかと思うと、どうしても落ち込んでしまって……」と自分の気持ちを聴いてもらえたと心を開いてくれます。これが「押さない形」なのです。

　つまり、「押さない形」で答えるとは、相手がその場で言っていることを聞いて、共感したり、支持したりすることなのです。そのためには、①相手の抱えている感情を言い表す、②相手の言ったことを違う言葉で言い換える、③相手の言ったことをまとめる、という技法を使います。ぶつからない関係が作れると、お互いのコミュニケーションが生まれてきます。そして、利用者は初めてCWの提案を受け入れることができるのです。

3　適切な距離を作る目的とは？

　そもそも、利用者との適切な距離を腐心するのは何のためでしょうか？　それは、利用者が社会福祉制度を利用して自身の課題を解決しより良い生活を実現することを援助するためにあるのです。利用者と友人のような仲の良い関係

を作るためではないのです。極めて特殊な、専門的な関係での距離感なのです。ですので、局面によっては親しげな距離が必要になってきますし、少し距離があった方が望ましい場合もあります。距離感とは、そのような専門的な、流動的なものであることを自覚しておきましょう。

【注】
1 認知行動療法とは、1990年代以降、欧米でうつ病の治療法として発展してきた心理療法です。2000年以降、日本でも精神科治療やカウンセリングで導入され、教育や産業の現場でも活用されるようになってきています。
　その特徴は、相談者の抱える問題や悩みをその出来事との関係で、「認知（その時何を思い浮かべていたか？）」、「気分・感情（何を感じていたか？）」、「身体反応（何か身体の変化はあったか？）」、「行動（どんなことをしていたか？）」の相互関係で理解しようとすることです。また、「今、ここでの問題」に焦点を当て、相談者と援助者が協同してその解決をめざす「解決志向」的な治療法でもあります。一般的なカウンセリングに比べ、面接の回数も数回から十数回と比較的短期間で行われます。
　毎回の面接では、その日に話し合う目標を確認します。相談者は、物事を認識する自分のクセを直していく方法（認知的再構成法）や問題を解決していく段階的な考え方（問題解決法）、緊張した身体をリラックスさせる方法（リラクゼーション法）などを学んでいきます。相談者自身がこうした解決方法を身につけるために、面接の後にホームワーク（宿題）を行うことも多いです。
　相談者の抱える問題や悩みを個人と環境との関係で捉えていく視点や問題解決志向の考え方は、生活保護ソーシャルワークと馴染みやすいものといえます。しかし、どのような援助関係でも、相談者と双方向的なコミュニケーションを作り、協同して問題を解決していく関係性を維持していくことが最も大切なことであるのはいうまでもありません。
（参考文献：伊藤絵美（2011）「認知療法」日本心理臨床学会編『心理臨床学事典』46-47頁、丸善出版）

【参考文献】
・堀越勝（2013）『コミュニケーションスキル・トレーニング』国立精神・神経医療研究センター認知行動療法センター
・道中隆（2012）『生活保護のスーパービジョン』ミネルヴァ書房
・村瀬嘉代子（2015）『心理療法家の気づきと想像』金剛出版

2　支援者と利用者、対象者とその関係

Q4 【望ましい援助関係の作り方】
どういう援助関係が望ましいか教えてください。

A4 利用者のありのままを認めていくことが大切です。「受け入れてもらった」という実感が、利用者の主体性を喚起して建設的な援助関係が生まれるきっかけになります。

1　援助関係の重要性

　「ありのままを認めていく」、これほど難しいことはありません。人は、「良いことも悪いこともひっくるめて今のままでいいんですよ」と認めてもらって初めて変化に向かう勇気を持てるものです。援助関係とは、援助者が社会福祉の知識や技術を駆使して、利用者と協働して取り組む特殊な人間関係です。しかし、それを実現することはとても難しいのです。協働した近しい関係がよい場合もあります。少し離れたお互いが自立した関係がよい場合もあります。一人ひとり異なるのです。正解はありません。援助者にとっては終わりなき旅です。これまで一緒に考えてきた「援助者のあり方」、「利用者の理解」、「適切な距離」がすべて試されます。援助関係構築の第一歩は、逆説的ですが「援助関係の悪循環」に陥らないようにすることです。CWと利用者がお互いに不信感を抱きいがみ合う関係を避けるためにも、良好な援助関係を作っていくコツを考えていきましょう。

2　良好な援助関係を構築するコツ

(1)「理解しようとする姿勢を大切に」

　利用者を理解したいという姿勢が第一に必要です。そのためには、利用者その人の社会文化的な文脈に援助者自身の言動を合わせていく「ジョイニング」（仲間入り）という方法が有効です。利用者のすべてを理解することは不可能です。大事なのは、「理解しようとする姿勢」なのです。時には、利用者から感情的な言葉を受けることもあります。そのときには、言動そのものではなく、その背景にあるものは何かを考える癖を身につけましょう。つまり、「一呼吸おく」ことです。また、援助を受けるということは、恥ずかしさ、悔しさという

31

感情を伴うものです。援助者におもねるといった権力関係も生まれます。そのことに想像力を働かせる姿勢も大切です。

(2)「利用者が理解できる言葉で伝えること」

お互いの風通しをよくしていきましょう。これは、インフォームド・コンセント(説明と同意)に気を配るということです。利用者にわかるように制度やCWの役割を伝えるようにしてください。生活保護基準表をコピーして名刺代わりに渡すのも方法の一つです。お互いのほんのちょっとした誤解が援助関係に大きな影を落とします。「わからないことがあったら、些細なことでもかまわないので電話で聞いてほしい」、これは口を酸っぱくして伝えた方がよいです。実際には、気おくれや気兼ねをしてなかなかできないことです。家庭訪問や面接などあらゆる機会にワンポイントで絞って制度を説明しましょう。ただし、あまりしゃべり過ぎないように。利用者から見るとまるで歌を聴かされているようで、説明した内容が耳に入っていきません。わかりやすく、はっきりとした、自分の言葉で短く伝えてみましょう。各々の利用者がわかる言葉で伝えていくのが肝要です。

(3)「前を向いて進みましょう」

解決志向でいきましょう。どうしても利用者の過去の失敗に目が向きがちです。そのことを道徳的に非難したくなる気持ちが抑えられなくなる場合もあります。しかし、そこに焦点を当てると援助関係はうまくいきません。利用者が将来の希望を見いだせるように支援するように心がけてください。「ありのままを認めていく」姿勢で。利用者、CWがともに困難を乗り越える力があることを信じましょう。そのためには、利用者に教えてもらうという姿勢が必要です。教えるという行為は、「役に立つ」という感覚を喚起していきます。プロフェッショナルとしての腕の見せ所です。

(4)「時には発想の逆転も必要」

援助関係が膠着したときには、発想を逆転させてみましょう。「相手の良いところを見なければならない」と義務的に考えるのではなく、「なんだ、こんな風にも考えられるんだ」といった、ちょっと視点をずらすという感覚でしょうか。これで案外と援助者の苦手意識が軽減できるものです。あるいは利用者との綱引きをやめていく決断も必要です。そうすると利用者との関係性も良い方向に変化していく場合が多いです。関係性は時間とともに常に変化していくものなのです。困難な状況の中でも「まぁ、なんとかなるさ」と開き直る姿勢も大

切なのです。

【参考文献】
・F・P・バイスティック／尾崎新ほか訳(1996)『ケースワークの原則——援助関係を形成する技法(新訳版)』誠信書房
・道中隆(2006)『ケースワーカーのための面接必携——生活保護の対人援助技術』小林出版
・伊藤直文編(2015)『心理臨床講義』金剛出版

3 自立助長と自立支援の意味

　長く多くのCWが、生活保護からの脱却を「自立」と捉えてきました。しかし、生活保護廃止＝自立ではありません。生活保護を利用しながら「自立生活」を送ることの意味をこの章では解説します。

　また、この章で説く「自立支援とケースワーク」がなければ、たとえ生活保護から抜け出したとしても、生活問題の解決がない以上は、その生活は砂上の楼閣になってしまう可能性があります。生活保護からの「卒業」だけではなく、確固たる生活基盤を取り戻すことが支援の目標です。ケースワークは個人の存在価値、尊厳を再確認し、確実な回復をめざすものです。5年後、10年後を見据えた自立支援を共に考えていきましょう。

Q5 【「自立」とは？】
職場で、CWの仕事の目標は“自立支援”だと聞きました。そもそも「自立」とは何でしょうか？

A5 福祉事務所では、「自立とは保護廃止である」という考え方が定着している感がありますが、生活保護における自立とは、社会福祉における自立と同じく、3つの自立（Q6参照）を進め、自分の生活を自己決定できる人格的な自立（自律）をめざすものです。半福祉半就労など生活保護を利用しながらの自立も当然、認められます。

　人をして人たるに値する存在たらしめるには、最低生活を保障するだけでは不十分です。そして、生活保護の目的の一つである自立助長とは、利用者の内容的可能性を発見しその能力にふさわしい状態で社会生活に適応させることとされています（小山進次郎『生活保護法の解釈と運用』）。つまり、自立支援は、貧困状態によって抑圧されてきた利用者の可能性や潜在的能力の実現に向けて

の支援ということになります。

これを現代的に見れば、自立とは、3つの自立を総合的に保障し、もって人格的な自立、生活の自己決定を保障することといえるでしょう。

利用者にとっては、経済的な保障を土台に、日常生活における自立や社会生活における自立を、各福祉制度や支援制度を活用して進め、自分らしい生活、すなわち自己実現ができる生活をめざすことになります。CWにとっては、利用者の自己実現を、利用者との合意に基づき、利用者に寄り添いながら支援することが、ケースワーク的な支援、すなわち自立助長といえます。

留意すべきは、経済的な自立を生活保護で保障し、他制度を活用しながら、人格的な自立をめざすことも立派な自立といえることです。例えば、生活保護を利用しながら、障害のある人が地域生活を営むことも自立生活の一形態です。これは、障害を補完する様々な道具や支援を活用して、自分の生活を自己決定することを自立とみなし、障害者福祉に大きな影響を与えた1970年代のアメリカの自立生活運動の理念から導かれます。また、足りない生活費を生活保護で補いながら、自分の能力に見合った就労をすること(いわゆる「半福祉・半就労」)も自立の一類型として承認されなければなりません。このように、生活保護からの離脱を自立と称するものでないことに十分に注意する必要があります。

自立=保護の廃止という考え方は、最低生活保障だけを行うと利用者が保護に依存してしまうので、そうならないように仕向けるのが生活保護ケースワークの主要な任務であるという考えを元にしています。しかし、この考え方は、第1に、惰民観(生活保護を利用すると怠け者になるという考え方)を背景にしており、生活保護が権利であるという法の趣旨に反します(Q6)。第2に、国が2005年に自立支援プログラムの基本方針で示した自立観(日常生活自立、社会生活自立、就労=経済的自立はそれぞれ重要であり優劣関係はない)にも反します。第3に、社会福祉法第3条の自立観や障害者福祉における自立論など、今日の社会福祉において一般的に承認されている自立観からみてもふさわしくありません。

私たちは、現代の社会福祉において承認されている豊かな自立観=自律観によって、生活保護利用者の自立を考えなければなりません。

【参考文献】
・古川孝順(2005)『社会福祉原論』誠信書房
・古川孝順(2007)「自立の思想」『エンサイクロペディア社会福祉学』中央法規出版

Q6 **【経済的自立（就労自立）　日常生活自立　社会生活自立の考え方】**
生活保護からの「自立」は経済的な自立だと思っていましたが、それ以外の形の「自立」もあると聞きました。具体的に教えてください。

A6 就労による「経済的自立支援」だけではなく、身体や精神の健康を回復・維持し、自分で自分の健康・生活管理を行うなど日常生活において自立した生活を送る「日常生活自立支援」、社会的なつながりを回復・維持し、地域社会の一員として充実した生活を送る「社会生活自立支援」という3つの自立の支援のあり方があります。

　古くから生活保護の現場では、就労による経済的自立が支援の中心に置かれていましたが、社会問題、生活問題の複雑化や、社会福祉の在り方（社会福祉法）との整合性[1]を踏まえ、2004年に生活保護制度の在り方に関する専門委員会が、同報告書で上記の「3つの自立」の支援を示し、その在り方を整理しました（その後、平成17年3月31日社会・援護局長通知「平成17年度における自立支援プログラムの基本方針について」として発出）。3つの自立支援は個別には関連はしますが、優先などはなく、それぞれの自立の在り方があり、その目的達成のための支援があります。以下、「3つの自立」の例を具体的に示してみましょう。

1　経済的自立支援→就労による経済的自立を支援すること

　利用者の生活状況、環境や条件などから可能な就労を果たしていくことが経済的自立であり、就労実現、収入増からの保護廃止のみが自立ではありません。無収入だった利用者が支援によって、たとえ短時間のパート就労を始めていくことも、就労自立の度合いが上がったといえます（いわゆる「半福祉・半就労」）。さらに就労意欲に応じて、増収や転職などを利用者と共に検討していきます。このように個人の状況に応じた支援が必要です。

　生活保護法は経済給付を中心にした制度で、最低生活の保障と自立助長が目

的なので、どうしても従来から、「自立」＝「生活保護廃止」のイメージが先行してきました。その払拭が今後も現場での課題です。

2 日常生活自立支援→身体や精神の健康を回復・維持し、自分で自分の健康・生活管理を行うなど、日常生活において自立した生活を送ること

糖尿病、肥満症、うつ病を持つ50代の男性が保護開始となりました。部屋はごみの山で身動きが取れない状態です。偏食があり、カロリーオーバーで、食生活に問題があります。保護開始後、生活習慣病への危機感の強さを手がかりに、保健師、栄養士と連携し、食生活と運動指導を取り入れました。CWとしては男性も問題意識を持っていた室内の改善を勧めました。手伝うことを伝えましたが、自身の運動にもなるのでと断られました。定期的に訪問をし、男性とともに部屋の改善目標を立て、その確認を行うことにしました。

やがて、部屋がきれいになるとともに、糖尿病、うつ病が緩和し、重篤な合併症や自死が起きる可能性があった危機的な状況から脱出しました。本人のニーズに合わせ、専門機関を活用し、CWの強みである訪問が功を奏しました。

3 社会生活自立支援→社会的なつながりを回復・維持し、地域社会の一員として充実した生活を送ること

精神障害者保健福祉手帳2級を持つ40代男性。就労不可の診断が出ています。訪問に行っても、小さい声で返事し、頭を下げるだけで、いつもすまなさそうに暮らしていました。私から、人生での希望は何かと問いました。CWから尋ねられたのは初めてだと言っていました。仕事をしたいそうです。医師には就労不可と言われていても、毎週ハローワークに行っているそうです。現状を受容できずに苦しんでいました。そこで私から手帳を使う形として、就労継続支援B型の施設での就労を、医師の許可を条件に勧め、通所できるようになりました。

今まで誰とも話ができなかった男性が、今では毎日通所し、施設での作業の中心として活躍しており、充実した生活に一変したと言っています。

4 自立支援プログラム

貧困の様相が複雑化した現代では、自立支援への取り組みはCW個人の努力

や経験を元にした支援のみでは限界があるため、「多様な対応」、「早期の対応」、「システム的な対応」をコンセプトに各福祉事務所で自立支援プログラムが策定され、実施されています。プログラムの具体例や実施状況は、生活保護関係全国係長会議資料（平成 29 年3月3日。厚労省HP）などを参照してください。自立支援の実現のためにも、CWである私たちの自立の概念の再構築が求められています。

【注】
1 社会福祉法第3条：福祉サービスは、個人の尊厳を旨とし、その内容は、福祉サービスの利用者が心身ともに健やかに育成され、又はその有する能力に応じた自立した日常生活を営むことができるように支援するものとして、良質かつ適切なものでなければならない。

【参考文献】
・岡部卓・長友祐三・池谷秀登編著(2017)『生活保護ソーシャルワークはいま』ミネルヴァ書房

3 自立助長と自立支援の意味

> **Q7** 【自立支援とケースワーク、ソーシャルワーク】
> 自立支援をするためのケースワーク、ソーシャルワークが必要なのはなぜなのでしょうか。ポイントがあれば教えてください。

A7 社会問題、社会構造から生まれた貧困と、それに伴う複雑多岐にわたる様々な生活問題に対応するには、経済・現物給付のみでは解決しません。社会福祉の専門的な対人援助技術であるケースワーク、ソーシャルワークの活用が必要となります。なぜケースワーク、ソーシャルワークが必要なのかを理解すると、CWとしての仕事の意義が明確になり、仕事がしやすくなると思います。

1 生活保護法にある二つの目的

生活保護の目的は「最低生活の保障と自立助長」です。社会保障の不足、不備に対応する生活保護の場合、どうしても経済・現物給付に傾きがちですが、それのみでは自立につながりません。「貧困は経済的な困窮だけにとどまらず、様々な生活問題が積み重なり、人間性を押しつぶすほどの社会的不利を負わせるところにその特徴がある」(杉村宏)のですから、経済給付(現物給付を含む)のみではなく、自立助長が必要なのです。それぞれを別個に捉えず、経済給付を含む統合的な支援を生活保護ケースワークと考えるべきでしょう[1]。

2 生活保護現場におけるケースワーク

アメリカのM・リッチモンドはソーシャル・ケースワークを「人間と社会環境との間を個別的に、意識的に調整することを通してパーソナリティを発達させる諸過程から成り立っている」と定義しています。

M・リッチモンドに倣えば、生活保護法を中心に経済給付・現物給付を使いながら、精神的な支援、社会資源の活用、環境の調整を図ることが、生活保護におけるケースワークといえます。「自立」は経済的に生活保護からの卒業のみをめざすものではありません。人間的な自立、自律の実現のための支援、援助が「自立助長」です。上記のような意味でのケースワーク実践の捉え方や価値の

39

有無が「自立」の成否を分けます。

3 「自立助長」と「自立支援」

　生活保護法制定に関わった小山進次郎は「自立助長」を目的とする一連の援助活動をケースワークとしました。残念ながら同法の中には明確にケースワークを規定できませんでした（その後、2000年の法27条の2の創設によって根拠づけられることになりました）。そのため運用上矮小化されてしまい、「自立助長」の名で行われるケースワークは「惰民防止」のための指導指示と矮小化して考えられていた問題がありました。しかし小山は1950年の立法当初から、自立助長とケースワークは「惰民防止のためにあるのではない」、「そんな程度の低いものではない」と明確に否定しました。

　「自立助長」は生活保護法にある言葉ですが、最近は行政でも「自立支援」という言葉に置き換わってきています。これは「自立助長」がCWと利用者が上下の関係にあることを想起させるのに対して、「自立支援」は、利用者中心、対等な関係、社会福祉としての権利性、公平性の観点による変化です。

4 自立支援に必要なケースワーク

　生活保護制度を使い、自立を支援するのが生活保護ケースワークです。しかし法を振り回し、指導指示をふりかざすような「ハードパワー」の手法では、現代の貧困問題の抜本的な解決策にはなりません。利用者を追い立て、生活問題を解決しないまま、ただCWの目の前からいなくなるだけの可能性が高いからです。それをケースワークとはいいません。

　支援における専門関係、信頼関係を構築し、生活課題を共有し、その解決方法を共に考え、自立支援をガイドする、寄り添い型の支援が求められています。それが今必要とされている「ソフトパワー」です。

　自立支援に必要なケースワークのポイントを問われたときに、私は「逆の立場（利用者の立場）になった場合をイメージすること」と答えています。CWには「想像する」力が求められています。

5 ケースワークからソーシャルワークの時代へ

　社会福祉分野ではケースワークは個人援助技術と訳されます。生活保護の現場では法制定当初からケースワークが定着していますが、現代においては、個

人援助の視点のみでは問題解決できないことが多くなり、支援対象を広い概念で捉える必要性が高まっています。病院や地域では支援者はソーシャルワーカーです。

　同様に生活保護分野においても個人支援のケースワークを中心にしながらも、集団支援のグループワーク、地域福祉全体の向上を視野において実践するコミュニティワークなど、それらを統合した「ソーシャルワーク」に変わられていく方向が重要と思われます。すでに一部の福祉事務所では実践されています。また組織内では人員体制の構築や研修企画運営などを含めた、社会福祉運営論（ソーシャルアドミニストレーション）の視点などもCWには必要です。

　近年の生活保護行政では、個人支援にとどまらず、広く「創造する」力を活かしたソーシャルワークの視点が必須となっているのではないでしょうか。

【注】
1　本書1－2「生活保護ケースワークに必要なもの」も参照ください。

【参考文献】
・小山進次郎（復刻版1975）『改訂増補　生活保護法の解釈と運用』全国社会福祉協議会
・杉村宏（2002）『公的扶助――生存権のセーフティーネット』放送大学教育振興会
・小野哲郎（2005）『新・ケースワーク要論　構造・主体の理論的統合化』ミネルヴァ書房
・M・リッチモンド／小松源助訳（1991）『ソーシャル・ケースワークとは何か』誠信書房
・サラ・バンクス（2016）『ソーシャルワークの倫理と価値』法律文化社

4 ケースワークとソーシャルワーク

　本書では生活保護ケースワークと呼んでいますが、本来は生活保護ソーシャルワーク、公的扶助ソーシャルワークと呼ぶ時代かもしれません。個人を対象としたケースワークという視点のみでは現在の貧困問題は解決できないからです。

　昨今の生活保護業務の中で、事務的な業務が増加し、どうしても支援の時間が取れなくなっている実態を見聞きします。そうなると、支援の効果が表れにくくなり、ついカウンター越しの対立や互いの誤解が生じがちです。

　今必要なのはケースワークやソーシャルワークの知識と実践できる技術です。特に重要なのは支援の目標を利用者と共有し、利用者との合意に基づいた支援です。支援は目的意識に基づいて行う必要があります。確かな知識を得て、工夫を凝らすことで、有効な支援が可能になってくると思われます。

Q8　**【生活保護ケースワークの基本的プロセス・流れ】**
生活保護における「ケースワーク」とは、どのような仕事のことですか？　どのような流れ、段階がありますか？

A8　生活保護におけるケースワークとは、生活に困窮している人や生活保護利用者に対し、「健康で文化的な最低限度の生活」の実現に向け、生活保護の要否判定と生活のニーズを把握するために必要な調査等を行い、保護開始後は、生活保護における金銭給付と現物給付によって生活を支援するとともに、社会福祉における自立（経済的自立・社会的自立・日常的自立）をめざして、関係機関と連携協力して必要な支援をすることです。

42

1 生活保護受給開始までの流れ

受給決定までの流れとして、まず生活に困窮している人が、生活保護の担当窓口等で相談を行うことから始まります。

この相談面接は「インテーク」と呼ばれ、相談者の不安や緊張を取り除きながら、何に困っているのかを聴き取り、主訴を明確にすることが重要となります。

また、相談者に不利益がないようにしっかりと生活保護制度の説明を行うとともに、申請意思を確認します。申請意思が示された場合は福祉事務所はその意思を拒むことはできず、申請を受け付けなければなりません。

申請を受け付けた後、生活保護の要否判定と生活問題の把握に向けて必要な情報を収集し、評価する「アセスメント」を行います。

アセスメントでは、預金調査等の資産調査だけでなく、補足性の原則に基づいた扶養照会や年金調査、生活再建に向けた生活歴・職歴の聴き取り等の情報収集や、労働能力や他法他施策の活用の可否についての確認等を行います。また、要保護者が生活困難に陥っている原因等を把握します。これらの結果を踏まえて保護の要否判定をし、「要」となれば生活保護を開始するとともに、生活問題解決のための支援も開始されます。

2 保護利用開始後の流れ

保護の利用が決定する際に、援助方針の策定を行いますが、この段階は「プランニング」と呼ばれ、アセスメントで得た様々な情報を活用し、利用者が持っている強みや力を活かした生活再建や自立のための課題を明確にすることから始めます。

次に、この課題を解決するためにどのような支援が必要なのかを利用者と話し合い、支援の方針を決めていきますが、話し合いを通して利用者とCWが支援の目標を共有し、計画していくことが重要です。

そして、策定した援助方針に基づき、利用者へ直接的または間接的に支援をしていく「実行」（「介入」という場合もあります）となります。この段階では支援の過程で適宜アセスメントを行いながら、利用者に対して金銭給付や現物給付などの直接的な働きかけや、利用可能な社会資源の情報提供や関係機関との調整を行い、支援方針の達成をめざしつつ、達成状況を「評価」していきます。

この評価の結果を踏まえ、必要に応じて再度アセスメントを実施し（再アセスメント）、状況に合わせた援助方針の見直しを行うことで、利用者の社会福

祉における自立の達成をめざしますが、自立の中でも経済的自立を達成することができれば、生活保護が必要ではない状態＝生活保護が廃止となるため、利用者への支援が終結することになります。

3　終結後の流れ

　生活保護の廃止によって支援が終結したことと同時に、利用者との関係を断つのではなく、再度生活に困窮することがないようにフォローアップや、関係機関との連絡調整・引き継ぎなどを行うことが求められています。また、もし困窮状態に至った場合は、いつでも福祉事務所に相談に来るように話をしておくことも重要です。

　また、終結に至った事例は、成功事例として情報を集約することで、後進の育成とより良い支援の一助になります。

　終結を契機に自身のケースワークの振り返りを行い、良い面・悪い面の分析を行い、より良い支援に向けて切磋琢磨していただきたいと思います。

【参考文献】
・岡部卓(2007)「公的扶助ケースワーク」『エンサイクロペディア社会福祉学』中央法規出版

4　ケースワークとソーシャルワーク

> **Q9**　**【新規相談からのケースワークとソーシャルワークの展開】**
> 初めての相談からどのようにケースワークを展開すればよいですか。おさえておくべきポイントはありますか。

> **A9**　多くの相談者にとって福祉事務所を訪ねて来るということは非日常的な出来事であり、高いハードルであったはずです。そのハードルを乗り越えて(あるいは乗り越えざるを得なくて)生活保護の申請をしたことは大変勇気もいったであろうし、気疲れもしているはずです。そのことを念頭に置き、相談者との信頼関係の構築に努めたケースワークを最初から展開することが大切です。

　相談者は自分の抱えている問題で頭がいっぱいで、相談内容も整理されていないことが多いです。ではどのようなことに困っているのかという意味の質問を投げかけ、それに答えてもらうのが、相談者の困っていることが表現されやすい方法です。

1　相談者が自身の困りごとを伝えやすい雰囲気づくりと留意点

　(1)場所：相談者にとって、非日常空間である役所の面接室と、相談者の日常生活の場である自宅では話しやすさも異なります。相談内容に応じて考慮してみてはどうでしょう。

　(2)導入：まず挨拶をして、名乗りましょう。相談者は相当な緊張状態にありますから、不安と緊張の緩和に努めましょう。相談者の人柄によって、相談を聴く側の態度も臨機応変にしていくことが求められますが、丁寧な言葉づかいであることは変えないようにしましょう。

　(3)聴く姿勢：相手の顔を見すぎても相手にプレッシャーを与えてしまうため、適度に相手の表情を見ながら傾聴し、共感することが重要です。そして、メモを取りましょう。メモを取ることで、後からの記録作成に役立つのはもちろん、自身の話をちゃんと聴いてくれているという印象を相談者に与えること

45

もできます。一方で、メモを取られることに抵抗のある相談者もいますので、その場合は「あなたの困りごとの解決のために」メモを取ることと、守秘義務が課せられていることを説明しましょう。それでもメモを取られることに抵抗がある場合は、メモをやめて傾聴しましょう。

相談者の話を聞きながら、「相談者の言葉」（相談者が理解できる言葉）で適宜質問をおりまぜ、タイミングをみて相談者の訴えを整理し、個別的な生活状況(ニーズ)を把握しましょう。

(4)申請意思の確認：制度を懇切丁寧に説明した上で、申請意思を確認しましょう。

生活保護制度は世間に知られていませんので、わかりやすく説明する必要があります。

また、福祉事務所に相談に来られる方は、言葉ではっきり言われなくても、多かれ少なかれ生活保護を念頭に置いて来られているといってもよいでしょう。必ず申請意思を確認しましょう。

留意点

- 相談者に話してもらうことを第一義に考え、誘導的な聴き方は避けましょう。
- 項目に沿って尋ねていくと取調べをするように見えますので、避けましょう。
- 相談者の態度、語調から感情の動きを捉え、その外的表現の意味を理解しようと努めましょう。
- 質問をするとき、なぜその質問をするのか、きちんと相談者に質問の意味を理解してもらいましょう（意味のない詮索的な質問は避けるべきです）。
- 相談内容の背後にある問題にも注意を払い、真の問題は何かということを考えてみましょう。

2　信頼関係構築のためのケースワークの展開

生活保護を適用したことで、生活保護制度上の支援が始まります。まず利用者の課題を整理することから始めましょう。さらに、援助内容を説明する際には、事務的に伝えるのではなく、利用者の状況に沿った説明を行うことが大切です。ケースワークは相談者とCWが相互に理解し、信頼しあえるような関係を築いていくことにより展開されていくことが重要です。

46

筆者はCWと初回面接相談員の両方を経験しましたが、家庭訪問時に、福祉事務所の面接室では話せなかったことを話す利用者が多くいることを実感しています。私たちも日常を過ごす中で、場所や人によって話す内容や態度が異なってくることはあると思いますが、利用者も同じです。保護申請者の多くの人は生活保護に対して後ろめたい気持ちを持っています。たとえ「健康で文化的な最低限度の生活」を守る生活保護が権利だったとしても、そのように理解し、割り切って福祉事務所に来ることはなかなかできないようです。それを取り除き、「生活保護をあなたの自立のために活用したらよいですよ」というメッセージを送りましょう。それは言葉としての意味だけではなく、CWとしての表情や小さな態度などに現れるものでもあります。利用者はそこを敏感に感じ、受け取っています。そこが融解されていくことで、信頼を基盤にした本当のケースワークが始まるように思います。

初回から自分の人生すべてを披瀝する人はまれです。やはり「この人には話をしてよいのだ」という安心感の存在が必要です。徐々に打ち解けて、今まで話していなかったことを語ってくれる人もいます。それは支援にとっての重要な鍵であることも多いです。

話しやすい雰囲気を醸成するためには、私たち自身のCWとしての姿勢が問われています。個人を尊重する姿勢、おごりへの戒め、面接技術への内省が必要だといわれています。

【参考文献】
・サラ・バンクス(2016)『ソーシャルワークの倫理と価値』法律文化社
・岡部卓・長友祐三・池谷秀登編著(2017)『生活保護ソーシャルワークはいま』ミネルヴァ書房

Q10 【引き継いだ世帯】
担当地区変更で新たに担当となった利用者への
ケースワークの展開について、前任者の方針と
違いすぎても利用者の負担になってしまうので
はないかと悩むことが多いです。どのように自
分のケースワークを展開していけばよいのでし
ょうか。

A10 CW同様に担当交代は利用者にとっても大きな心理的な負
担になっています。CWとしてはその心理を理解して、支
援の継続性を尊重しつつも、新たな目で当該世帯のニーズ
の発見に努め、必要に応じて支援方針を見直すことも必要
となります。

1 前任者からの継続性を尊重する場合

　公務員は人事異動がつきものです。どうしても支援半ばで担当CWが変更に
なることがあります。担当CWが変わることで今までの支援が功を奏している
際には継続性は重要です。しかし、すべてを無批判に受け入れる意味ではあり
ません。前任者の支援の意味を理解し、今までの支援を専門的な観点から評価
することは重要なことです。

【事例】統合失調症を患っている一人暮らしのAさん（60代前半）がいました。
身の回りのことは大体できます。訪問介護・訪問看護と、毎日の宅配弁当業者
の見守りで毎日を過ごしていましたが、前任者はAさん宅を頻繁に訪問して
いました。散髪する時期も、部屋の温度調整もCWの言葉かけによって行って
いました。Aさんはあまり感情や言葉は出しませんが、前任者と同行訪問をし
たときの様子を見ると、前任者を信頼していることは明らかでした。訪問介
護・訪問看護とはまた違う角度でAさんの生活の質を上げるために短時間で
も頻回に訪問をしていたようでした。私が担当している間、同じような形で訪
問をしました。あまり長く話をしないのですが、訪問を続けていると少しずつ
関係ができるようになっていきました。CWの訪問がAさんには負担になって

48

いないようでしたので、前任者同様に訪問することが、Aさんの安定した在宅生活継続には必要だったと思っています。

2　前任者の方針通りに展開できない場合

　前任者からの引き継ぎがあった場合でも、訪問・面接等対象者と関係を作っていく中で、新しい気づきがあり、支援方針を立て直すことがあります。前任者との関係性や利用者のタイミングなどで問題が顕在化していなかったり、前任者が問題に気づけていなかったりする場合があります。担当交代の意義の一つとして新しい視点で世帯の状況を見ること、展開することがあります。

　まず利用者との関係作りが必要です。利用者が新しいCWによるケースワークの展開方法が今までと違うと思ったときに、その意義を説明できるようにする必要性があります。利用者と一緒に支援方法や目標を考えましょう。

【事例】新年度から担当になった一人暮らしで精神疾患を患っているBさん(30代)がいました。ケース記録にはひきこもりで、主治医の病状聴取の結果、「当面の間、療養専念」となっており、特段何も支援はできていませんでした。CW交代後初めての訪問で、話をしていく中で、生活歴、仕事のことについて饒舌に話すBさんに、何か希望はありますかと尋ねたところ、「働く訓練をしたい」と言われたため、就労継続支援B型の活用を提案しました。精神障害者保健福祉手帳を持っていたので、主治医に相談してもらい、福祉事務所の相談員のところに一緒に相談に行き、見学、通所につなげることができました。

　Bさんに聞くと、「今までのCWには聞かれなかったから、やりたいことを言わなかった」と言っていました。

　事例のように、ゼロベース(白紙)で対象者と向き合うことで新たな発見があり、対象者の強みや改善すべき点が見つかることもあります。前任者の方針等にとらわれずに支援していく方が効果的であることもあります。

3　後任者に引き継ぐ場合

　後任者に引き継ぐ場合、引き継ぎ期間は非常に短く、自分が担当していた世帯について十分な引き継ぎを行うことは難しいかもしれません。新しく担当するCWも一度に多くのことを言われても全体を細かく覚えることは困難です。そのため、引き継ぎ書を作成し、担当地区の特徴、主な要支援世帯やいわゆる

「支援困難世帯」の概要等について、必要最低限の情報を伝えるなどの努力をしています。一覧して概要がわかるものをケース記録から抜粋するなどして、後任者がケース記録を見る前の要約をケース記録とは別に作成していました。

　当然引き継ぎ書だけでは全体を把握できませんので、ケース記録は誰が見てもわかりやすく書いておくことが大事になってきます。支援した内容を書くことと、支援した結果どのような効果をもたらしたかを書くことも大事です。担当が交代したときに、自分が展開している支援内容がわかるように、意識して記録することも必要だと思います(Q16)。

4　ケースワークとソーシャルワーク

Q11 【ケースワークの基本・バイスティックの7原則】
ケースワークを実践する上でどういうことに気をつければよいのかわかりません。教えてください。

A11 アメリカの社会学者のF・P・バイスティックのCWの基本的な態度としての7原則が有名です。数十年前のものですが、今なおケースワークの基本的な原則として活用されています。生活保護だけでなく、福祉全般で共通認識として使われるものです。利用者の尊厳を保持するために援助者が遵守すべき原則となっています。

1　個別化（クライエントを個人としてとらえる）

　例えば、担当している世帯の中には、精神疾患を患っている利用者が何人かいると思います。それぞれ、病名や性格が違うにもかかわらず、すべての人を「精神障害者」とひとくくりにしがちです。共通する課題はあると思いますが、精神障害者と類型化して、全員に当てはめることはできません。疾患や問題の特徴や本人の性格、生活環境など、様々なことを理解し、それに応じた個別的な対応をすることが必要です。

2　意図的な感情表出（クライエントの感情表出を大切にする）

　利用者の中には、保護を受けたくないと思っていたものの、やむを得ず保護申請に至った方や、今の保護制度に不安を抱えている方、CWに思いが伝わらずにジレンマを抱えている方もおられます。そのような利用者が、CWに自らの考えや感情を自由に表出できるようにし、非難することなく受容することが必要だといわれています。自由に感情を表出することで利用者自身も気がつかなかった思いを客観視でき、現実的に対応ができるようになるといわれています。また、CWは利用者の思いを聴くことで、支援の方向性が見えてくることもあります。

51

3 統制された情緒的関与(援助者は自分の感情を自覚して吟味する)

　それらには言葉だけではなく、表情や態度も含まれています。利用者の中には壮絶な人生を歩んできた方もいます。それゆえに、CWの感情が揺さぶられることもあります。場合によってはCWの個人的な価値観と反することや、CW個人の問題に類似していたりすると、冷静に対応ができないこともあると思います。CW個人としてどのような特性や問題に反応してしまうかなど、具体的に自身の感情の特性を客観視し、感情をコントロールして関わることが大事だとされています。

4 受容(あるがままに受け止める)

　利用者の悩みや辛さの相談、意見等をあるがままに受け入れる必要があります。しかし、利用者の意見に賛成することが受容ではありません。CWが賛成・反対するのではなく、利用者の意見として受け入れます。自分の話を聴いてくれるのか、信頼して自分の話をしてよいのかと、内心不安を抱えている利用者に対して、受容できるかどうかによって関係性が変わってきます。ただ生活保護制度上、利用者の意見をあるがままに受け入れるだけでは適切な制度運用や支援ができないこともあります。この場合、制度の説明を尽くし、理解してもらうことが必要です。

5 非審判的態度(クライエントを一方的に非難しない)

　利用者をCW自身の価値基準、倫理観で一方的に批判しない、その価値判断を強制しないことです。利用者の人格や行動、感情にとらわれることなく、それらの背景、事情を理解して、どのような意味があるのかを理解し、それらをケースワークに活かすことが重要です。

　支援の中で、自分の価値観とは違った発言があっても、それを一方的に批判することはケースワークではありません。私は「そういう考え方もあるのか」と思うようにしていました。CWという仕事は、一般的な価値観にとらわれず、どれだけ幅広く多様な価値観を持てるかということも重要です。

6 自己決定(クライエントの自己決定を促して尊重する)

　利用者が自分の生活を自分で決めることができることができるように支援していきます。CWが利用者に代わって何かをやるのではなく、側面的な支援に

52

より、利用者自身が問題状況を認識し、積極的に自分の意志と能力で問題解決できるように支援することを意味します。

　例えば高齢で独居生活が難しくなってきた方に一つの介護施設を提案するのではなく、複数の介護施設や在宅生活でのサービス等、それぞれのメリット・デメリットを説明し、利用者が選択できるようにしていきます。

7　秘密保持（秘密を保持して信頼感を醸成する）

　生育歴や預貯金、親族などすべての情報を利用者はCWに話すことになります。秘密保持は私たちの職業倫理上強く求められます。CWは知り得た情報をむやみに他人に口外してはなりません（地方公務員法34条「職員は、職務上知り得た秘密を漏らしてはならない。その職を退いた後も、また、同様とする」）。個人情報の取り扱いに日々注意して、ケースワークを行います。

　利用者が秘密を口外されないという安心した環境にいることを理解することで、CWとの信頼関係を築くことができ、信頼に基づいた自立に向けた支援ができると思われます。

※生活保護現場でのまとめとして

　生活保護制度の制約上、原則通りにできない場合もあります。上記の原則を頭に入れ、CW自らへの問いや戒めも重要です。その問題点や齟齬にフォーカスするとともに、生活保護制度を利用者が理解できるように、納得できる説明をする必要があります。

【参考文献】

・F・P・バイスティック／尾崎新ほか訳（1996）『ケースワークの原則——援助関係を形成する技法（新訳版）』誠信書房
・「生活保護実施の態度」『生活保護手帳　2017年度版』
・小野哲郎（2005）『新・ケースワーク要論　構造・主体の理論的統合化』ミネルヴァ書房

Q12 【ストレングス視点とエンパワメント】
つい利用者の問題点や弱点ばかりが目についてしまい、うまくいきません。どのような視点を持って利用者と関わることが大事ですか。

A12 CWの思うような行動をとってくれない利用者もいると思います。そういったときに利用者本人の問題点や弱点ばかりに焦点を当てるのではなく、利用者本人の強みに焦点をあて、指導指示ではなく、「支援の視点」をもとに展開していくことが重要です。

1 指導指示のリスク

　生活保護ケースワークの根拠は、利用者との信頼関係を基礎とした生活保護法第27条の2です。「要保護者の求めがあったとき」というのは要保護者の主体性を尊重するという意味であって、ケースワークが消極的であってよいという意味ではありません。また、27条の指導指示は、不利益処分を背景にした強制力を持ったものであり、利用者との信頼関係を前提とはしていません。したがって、27条に基づく指導指示はごく例外的な場合です。

　ケースワークは、CWの十分な説明による利用者の合意をもとにしたものであって、初めて利用者は本当の力を発揮すると考えられます。また信頼関係のないところでは当然、利用者との対等性が担保されません。さらに、利用者の立場を考えないで指導することで齟齬が生じ、CWとの悪い関係性が、利用者の自立阻害要因となってしまうこともあります。仮に指導指示を行う場合、それは利用者のために教育的に実施するものであって、懲罰的に実施するものではないことに留意しなければなりません。

2 ソーシャルワークの対等性を確保した上での有効な支援

　社会福祉に限らず、現代社会全体が、人や物事の弱点や問題点に目を向ける世の中になっています。その流れで利用者もCWも厳しい視線にさらされています。その中でCWが利用者にも同じような視点を持ってしまう風潮は否めない事実としてあるのかもしれません。

しかし一方で、生活保護に限らず、社会福祉の流れは「指導」から「支援」へ変わってきています。よりよい支援をめざすためには、利用者との対等な関係が必要とされています。指導的な視点を持っていては、よい結果につながらないことがほとんどですから、視点をガラリと変えて、利用者との対等性を重視した支援を実施することで、CW自身も仕事（支援）がしやすくなると思います。そういった支援をする上でのポイントとして、二つの視点を紹介します。

3　ストレングス視点

人は潜在的に「強み（＝ストレングス）」を持っていますが、様々な理由により、現状はその「強み」を発揮することができていない状態と考える視点のことです。従来は障害や、高齢、幼少であるために「できないこと（欠点や病理）」に焦点が当てられ、当事者の意見はまり重視されず、尊重されませんでした。

これに対してストレングス視点では、自分自身の「強み」や自分の生活状況については、本人が一番よく知っていることから、その「強み」を発見・活用することによって、自分自身の生活感覚に基づいて、自分で考え、新たな「自己決定」ができると考えます。支援をするケースワーカーは、「強み」に注目し、その「強み」が活用できるように支援することが重要です。

求職中の40代の男性の事例です。コミュニケーションは得意ではないのですが、非常に律儀に面接日時を守り、必ず10分前に来所する利用者がいました。CWからの「職種を選ばずに幅広く見ていきましょう」の言葉を胸に刻み、様々な職種に求職をしていましたが、どうしても就職面接ではあまり話せなくて、落ちてしまうばかりでした。

そこで男性とともに過去のエピソードなどから「強み」を探す面接を行いました。自分自身では何が強みか案外わかっていないものです。男性の時間への正確さ、遵守精神、責任感が強みであることが確認できました。就労支援員、ハローワークと連携し、コミュニケーションが苦手な部分を補強する考えではなく、「強み」を前面に出した求職活動を行ったところ、清掃のバイトが決まり、そこから仕事の丁寧さが認められ、フルタイムに移行し、就労自立を果たしました。

このようにマイナスの部分を見るのではなく、プラスの部分に焦点を当てることで、利用者の「強み」を活かした支援が実現できました。

4 エンパワメント

　人とその環境との間の関係に焦点を当て、その環境を改善する力を高め、自分自身の生活のあり方をコントロールするため、自己決定できるように支援し、かつそれを可能にする公正な社会の実現をめざすことをいいます。人の潜在性に着目し、社会的存在としての発達を重視し、自己実現への志向を強調することが特徴です。つまり、エンパワメントとは人が生まれながらに持っている力を引き出すことであり（湧活）、力をつけることではありません。ストレングス視点と同様の方向性があります。

　母子世帯の20代の世帯主の支援の例です。これまで洋服の販売業のみの就労経験があり、その仕事が好きなため、同じような職種に絞って求職活動をしていましたが、勤務時間が子どもの登下校時間と合わないので、なかなか就職が決まらずにいました。就労意欲がある点は前面に出ていましたが、保育所在籍理由（求職活動）とその期限（3ヶ月間）もあるので焦っていました。どうしても過去の就労先に目が行ってしまっていました。

　そこで、3人の子どもの子育て経験があることに焦点を当て、保育士補助の仕事はどうかと勧めました。すると、勤務時間も本人の条件に合い、保育所から子育て経験を認められ、今では安定した就労収入を得ることが可能になりました。

　利用者が持っている、気づいていない力に着目をして、そこをさらに伸ばす視点での支援です。

【参考・引用文献】
・サラ・バンクス(2016)『ソーシャルワークの倫理と価値』法律文化社
・山縣文治・柏女霊峰編(2000)『社会福祉用語辞典』ミネルヴァ書房

4 ケースワークとソーシャルワーク

Q13 【ケースワークとソーシャルワーク】
「ケースワーク」と「ソーシャルワーク」の違いはなんですか？

A13 「ケースワーク」とは、個人や家族が抱える生活上の問題を面接等の直接的対面関係によって把握し、問題解決に向けて制度等の社会資源を活用した個別的な援助を行う援助技術のことです。すなわち、個別的対人援助技術といえます。

「ソーシャルワーク」とは、個人と社会環境との間に発生した問題を把握し、個人と社会環境の両方に直接的・間接的に調整・介入することで、問題解決と自己実現の達成を図る「ケースワーク」や「グループワーク」等を含む社会福祉援助技術の総称です。地域、環境などの社会と個人を対象とする援助技術全体をさします。

1　ソーシャルワーク

　ソーシャルワークは、ケースワーク、グループワーク、コミュニティワーク、ソーシャルアクション、ソーシャルワークリサーチ、ソーシャルアドミニストレーション、ソーシャルプランニングといった援助技術を活用し、人々の社会生活上の諸困難の解決・緩和と自己実現の達成に向けて、直接的・間接的に支援していくことです。生活困窮問題(貧困と孤立)が拡大している下では、これらの援助技術を活用した、多面的なアプローチが有効ですし、必要とされます。

2　ソーシャルワークの援助技術

(1)「ケースワーク」

　本書で解説しているのは大部分がケースワークに関するものです。本書でも繰り返し強調していますが、ケースワークが成立するためには、支援者と利用者の間に信頼関係を形成することが何よりも大切です。信頼関係の構築によって、共に課題解決に向けて協働作業に取り組むことが可能となります。

　また、支援者と利用者の援助関係は主に面接によって行われます。したがって、支援者は面接技術、コミュニケーション技法の習得が必須となります。

57

生活保護ケースワークは、Q1、8で解説したように、生活保護手帳・実施要領という生活保護の「骨」を内実化する「肉」であるとともに、生活問題を解決するための重要な援助技術です。その特徴は、第1章を参考にしてください。

(2)「グループワーク」

利用者が所属し、関わりを持つグループの特性を活用して、メンバー個々人が問題解決・ニーズの充足ができるように支援する援助技術のことです。

グループ活動を通して、個々人は、引け目、不全感、自責の念、孤立感を減じ、同じ境遇の人同士との活動によって、安心感、自己有用感、自己肯定感を得ることができます。

例えば、アルコール依存症の人たちがCWと共に定期的にミーティングを兼ねたグループワークを開催している福祉事務所があります。

求職活動中の利用者が集まり、就労支援員がグループワーカーとして、就労準備に取り組んでいる福祉事務所もあります。

(3)「コミュニティワーク」

住民の共通的・個別的生活課題を住民主体で、組織的、地域協働的に解決していくのを側面的に支援し、住民にとって住みよい地域社会を創造していく援助技術のことです。

例えば、社会福祉協議会のCSW（コミュニティソーシャルワーカー）などが、貧困を発見し、支援につなげる活動などはここに含まれます。また、地域包括支援センターと連携、協働することを目的にしたミーティングを定期的に開催することもコミュニティ全体を視野に入れた支援といえます。

(4)「ソーシャルアクション」

個人・集団・地域住民のニーズに適合した社会福祉制度やサービスの改善・創設を促す援助技術のことです。例えば、子どもの学習支援や、子ども食堂づくりなども重要なアクションの一つといえます。

(5)「ソーシャルワークリサーチ」

社会福祉問題の解決をめざして、問題の実態や福祉ニーズを把握、分析するとともに、それを通してニーズの充足方法や問題の解決方法を生み出すこと、また、社会福祉サービスの評価、ソーシャルワーク実践の有効性の検証等によるソーシャルワーク実践の科学化を図る援助技術のことです。

例えば、管内や地区ごとの保護状況、特徴を調査、分析することで、そのエ

リアに必要な実践を検討していきます。生活保護世帯の中の子どもの進学状況の調査などが例としてあげられます。

(6)「ソーシャルアドミニストレーション」

　社会的ニーズを充足していくための保健医療・教育等の保障という社会福祉の計画と展開を含めた制度の運営管理のことであり、多様化・複雑化する福祉ニーズに対応するため、サービス供給システムの構築、機関・施設の整備、財源確保の方法等、行政計画や社会福祉計画と関連させて機能させることが必要となっています。

　CWが十分に活躍していくためには、組織が十分に機能を果たしていることが大前提です。CWとして担当地区の支援を考えていくとともに、組織としての福祉事務所、「職場作り」が重要です。

(7)「ソーシャルプランニング」

　福祉問題の解決を図り、社会福祉の未来像を描き、到達目標を設定し、その達成を組織的・合理的・戦略的に果たしていく援助技術のことです。

　今後地域福祉を推進していく上で、住民に適切な情報提供を行い、住民の意識化を促進し、専門職や行政機関との協働作業の下、住民主体による創造的プランニングが求められています。

　地域の課題に応じた組織目標をCWとしても検討し、ボトムアップ型の提案ができるのは、日頃から利用者に接し、地域を知っているからこそです。

3　【事例】地域の様々な社会資源を活用しコーディネートして、いわゆる「ゴミ屋敷」に住んでいた住民を支援したソーシャルワーク実践

　当時、60代の男性Aさんを担当していました。Aさんは金銭管理に不安があるとの理由から、毎週保護費を窓口で分割支給していましたが、約束の日に来所しませんでした。

　時折来所しなかったり、約束とは違う日に来所したりすることがあったため、1週間様子を見ることにしましたが、翌週の約束の日になっても来所しませんでした。自宅まで様子を見に行ったところ、室内で動けなくなっていたAさんを発見し、警察と消防に協力を依頼して、救急搬送からそのまま入院となりました。入院中、Aさんの今後の生活を考えるため、病院の医療相談員と地区担当保健師、地域包括支援センターと情報共有し、退院後の生活について話し合いました。

Ａさんの自宅はいわゆるゴミ屋敷となっており、自身の清潔も保つことが困難な状態で救急搬送され、病院側は施設入所を検討した方がよいのではないかという話がありました。

　しかし、Ａさんは自宅に戻りたいと希望していたため、希望を叶えるためには解決すべき課題が山積みでしたが、関係機関とアイデアを出し合い、民間の清掃業者から室内の環境整備をしてもらい、介護保険サービスを利用できるまでの間、Ａさんに自宅でできることはしてもらいつつ、有償ヘルパーを導入することになりました。併せて、今後の金銭管理や介護事業所との契約を見据えて成年後見制度の申し立てを行うため、関係部署にも話し合いに参加してもらいました。

　治療が順調に進み、生活環境の整備と関係機関との調整もある程度終わり、何とか自宅へ退院できました。退院時に自宅まで付き添いを行いましたが、自宅に帰宅されたときに安心したようなホッとした表情を見せてくれたＡさんを見て、これでよかったと思うことができました。現在のＡさんは成年後見人が選定され、介護保険サービスを利用しつつ、自分なりの満足いく生活を送れているようです。

　このように、支援対象者の希望に寄り添い、希望を叶えるために、支援対象者のできることを生かしつつ、公的サービスとインフォーマルなサービスを活用し、支援対象者の満足いく生活を支えていくことがソーシャルワークだと思っています。また、活用できる社会資源がない場合、必要に応じて関係機関と相談したり、関係部署に働きかけたりすることで、代替サービスの提供が可能か検討したり、社会資源を新たに開発したりすることが今後ソーシャルワークを担う専門職として求められていることだと思います。

【参考文献】
・久保美紀（2007）「ソーシャルワークの専門技術」『エンサイクロペディア社会福祉学』中央法規出版

5　ケースワークの基本・訪問と記録

　生活保護ケースワークは「家庭訪問に始まり、家庭訪問に終わる」といっても過言ではありません。CWの特徴でもあり長所の一つが「訪問できること」です。訪問の意義をCWと利用者が互いに共有すれば、意味のある訪問になります。自身の訪問を省みるために先輩、同僚CWと同行してみるのもよいでしょう。メモを取るかどうか悩むでしょうが、数字や固有名詞はメモすることでミスは減り、言葉を大事にしていることが伝わります。

　記録がなぜ必要なのかを理解すると、何を書かねばならないかに気づいてきます。自分の覚書やメモや日記ではなく、あくまでも公文書としての組織としての決定や支援の記録です。後任者にもわかりやすく、実際に利用者に会わない上司にも伝わる記録を書いていきましょう。

Q14　**【訪問の基本①】**
訪問の目的とはどのようなものでしょうか？
また、何に気をつけて訪問すればよいでしょう
か？　訪問のタイミングやポイントを教えてく
ださい。

A14　訪問調査は、生活保護法の目的である、①最低生活の保障(収入状況等)と、②自立助長(生活課題等の需要を発見し支援に結びつける)を実現するための活動です。具体的には、利用者の生活の現状を確認して、必要に応じて生活保護(一時扶助なども含め)を適用すること、生活保護制度の情報を適切に伝えていくこと、安心した雰囲気で相談に応じることです。

61

1 訪問調査とは？

　訪問調査は、生活保護申請時等の訪問、計画に基づく訪問（家庭訪問、入院入所者訪問）、臨時訪問に分けられます。確認することは、①世帯員の状況に関わること、②住環境に関わること、③健康に関わること、④社会生活に関わること、⑤収入、支出等家計に関わること、などです。一時扶助など必要な扶助を適用していく根拠にもなります。

　「訪問調査は、生活保護実践の要である！」。これは監査や研修で耳にタコができるほど聞かされる言葉です。しかし、標準数を大幅に上回る担当世帯を持たされているため、CWと査察指導員は常に訪問達成率に追いまくられているのが現実です。監査で指摘されないためにこなすための訪問になってしまうのです。形だけの複数回の家庭訪問より、利用者のニーズに応じた、CWにとっても意味のある家庭訪問の方がよいと思いませんか？

2 訪問する際のポイント

(1)「ケース記録に目を通す」

　訪問の前にケース記録に目を通しておきましょう。できればすべてに目を通せればよいのですが、その時間を確保するのも大変です。また、経過が長い方の場合、全体像はなかなか頭に入らないものです。読む時間のないときには、私は、直近の記録から1年間ぐらいの部分、開始時の生活歴、親族状況の部分に目を通すようにしています。これだけでも訪問の目的が明らかにでき、会話の材料が豊富になったりします。

(2)「約束して訪問して、プライバシーに配慮する」

　家庭訪問では、まず約束して時間通りに訪問することが大切です。利用者のプライバシー保護への配慮にも気をつけましょう。例えば玄関先で他に聞こえるような声で「福祉事務所の○○です」と言わないこと。福祉事務所の自転車を利用者宅から少し離れて置くこと（これは案外と忘れやすいのです）。同じアパートに住む利用者宅を続けざまに訪問しないことなどに注意しましょう。

(3)「話題になりそうなものを見つけてみる」

　家庭訪問した際、部屋をざっと見まわしてみて話題になりそうなものを発見しましょう。例えば、家族の写真、本棚にある本、部屋の装飾など。あなた自身が一番関心を持つものに目が留まれば、それを話題に取り上げてみてください。ただし、あまりジロジロ部屋の中を眺めないように。「○○さんって△△

が詳しいんですよね。不勉強なのでその△△を教えていただけませんか？」。
このように相手に教えてもらう方法を試してみてはいかがでしょうか？　生活
歴や部屋の様子から、その方が得意とすることを話題にして質問してみましょ
う。

(4)「利用者のニーズに応じた訪問を」

　2人の小さな子どもと生活しているシングルマザーの家庭の例です。母親は、
平日フルタイムで働いています。福祉事務所へ来所する時間が取れないため、
収入申告や申請はすべて郵送で手続きしています。監査ではいつも未訪問が指
摘される世帯です。ある朝、母親から電話がありました。「下の子が熱を出し
ちゃって。かかりつけのクリニックが今日は休みなんです。近くに登録されて
いるクリニックはありますか？」。早速、その日に受診できるクリニックの医
療券を発行して届けることにしました。約束していた別の世帯の家庭訪問の時
間を少しずらしてもらい、その家を訪問しました。「本当にありがとうござい
ます！　助かりました！」。母親に大変感謝されました。掃除の行き届いたセ
ンスのある公営住宅の部屋です。しかし、網戸に何ヶ所か穴が開いていました。
網戸の買い替えまでは経済的に手が回らないのだそうです。後日、住宅維持費
で買い替え費用を支給できました。ちょっとの工夫でこちらも家庭訪問でき、
利用者が必要とする一時扶助につなげることができました。

(5)「生活保護制度のセールスマンたれ」

　利用者にとってプラスになる家庭訪問とは、生活保護制度の理解を深めても
らうこと、声なき声を拾っていくことでしょうか。広範かつ複雑な制度なので、
こちらが思ってもみなかった些細なところで大きな誤解が生まれるものです。
家庭訪問での他愛もない会話から制度の説明につなげていきましょう。具体的
な金額を提示しながらポイントを絞って説明すると伝わりやすいです。「こん
なことを聞いては申し訳ない。お世話になっているのだから」と一時扶助の申
請を遠慮されている方も多いのです。

3　利用者の役に立つ家庭訪問を

　お互いの信頼関係が深まる家庭訪問が実現すると、これまで見えてこなかっ
た新たな利用者像を発見できるかもしれません。CW自身の人間観が豊かにな
ります。「家庭訪問したらまた宿題をもらってきたよ」と愚痴らずに、声なき声
を拾い生活のニーズを制度につなげていくことに心がけたいものです。皆さん

もぜひ「利用者の役に立つ家庭訪問」にむけて工夫してみてください。

【参考文献】
・新保美香(2015)「ケースワーカーのための生活保護実践講座・第4回　訪問調査の充実に向けて」『生活と福祉2015年9月号』全国社会福祉協議会
・岡部卓(2014)『新版・福祉事務所ソーシャルワーカー必携』全国社会福祉協議会

5　ケースワークの基本・訪問と記録

Q15　【訪問の基本②】
訪問の際に長く時間がかかるときがあり引き際に困ります。時間をかける面談は必要でしょうか？　あるいは不要でしょうか？

A15　訪問での面接時間は本当にケースバイケースです。訪問の目的によっても違ってきます。時に長くなることも。また、短時間でも訪問の回数が多い方がよい場合もあります。ここでは、訪問の応用編を考えていきましょう。

1　訪問での時間のマネジメント

　訪問での目的を設定していきましょう。時間がかかる話し合いやじっくり話を聴く必要がある場合は、あらかじめ長めの訪問時間を作っておきます。

　家庭訪問の冒頭では、「今日は、○○分ほどお邪魔させてもらいます」と時間をあらかじめ伝えておきます。こうすることで、CWと利用者との間に時間の枠組みが作れます。それでも話し好きな利用者の場合、話が終わらず苦労しますよね。そうした場合、次の方法を試してみてください。話を早く切り上げようとすればするほど、相手は話を終わらせてくれないものです。まずは相手の話を聴いていく姿勢を整えてください。必ず話が途切れる場面が見つかります。そこで間髪入れず相手の話を要約して伝えてみましょう。話し手は、自分の話を聴いてもらえたと実感する場合が多いです。その上で、「残念なのですが、これから○○しなければならずここで失礼します。また改めてお話をうかがわせてください」と伝えてみましょう。話の流れがCWの方に移ると時間のマネジメントがしやすくなります。

2　短い時間での訪問が関係づくりに結びつく場合

　妄想による儀式で外出できない高齢女性の事例です。家主から取り壊しの立ち退きを要求されていましたが、それを断固拒否されていました。業を煮やした家主は、この方の部屋以外を取り壊してしまいました。近隣住民からの苦情も絶えず、生命の危険さえ心配される状況でした。関係者への不信感も強く、取り付く島もない対応でした。関係を作るため、まず玄関横の台所の窓越しで

65

話をしました。体調のこと、買い物のことなど、短い時間で話をつなげていきました。CW自身の負担を少なくするために、定期訪問の帰り際に寄ったりしました。並行して法テラスの弁護士と連携して家主との話し合いも行いました。根気よく訪問を続けたところ転機が生まれました。その方がドアを開けてくれたのです。生活に辛さを感じていたようです。紆余曲折はありましたが、この女性は緊急ショートステイ、精神科病院への入院を経て、現在は養護老人ホームで穏やかに生活されています。

　このように、関係づくりがうまくいかない利用者に対しては、短時間の多い回数での訪問が効果を生む場合もあります。

3　応用編

（その1）　私は、仏壇がきれいに手入れされていたらお線香をあげさせてもらっています。もちろん、これは信仰に関わることですので、個人的な判断によるものだと思います。ただ、大抵の場合、利用者に喜ばれますし、それをきっかけにしてご家族の話にもつながりやすいです。

（その2）　訪問先では、利用者を追い詰めない面接にすることが肝要です。訪問先で話すのが難しい話題は、福祉事務所の面接室で話し合うようにしましょう。一方、訪問する家庭は密室であるのも事実です。状況によっては、出口が背中になるように意識して座ることも必要です。自分ひとりで家庭訪問をすることに不安を感じた場合、必ず複数で訪問するように心がけてください。家庭訪問では、行き帰りの自転車の経路を変えてみると気分転換になります。そうすることで、その地域の雰囲気もよく把握できます。

（その3）　「来てもらいたくない」、「監視されているようだ」。これもよく聞かれる言葉です。家庭訪問の意味や目的をわかりやすく利用者へ説明し理解を求めるのが基本だと思います。家庭訪問が嫌がられる背景には、生活保護へのスティグマやバッシングが強く影響しているのです。無理はしない。可能な範囲の場所での面接から始めましょう。福祉事務所や近所の公園、利用者宅の軒先、玄関先など。なるべく利用者が不安に感じない方法を考えてみましょう。

【参考文献】
・柴田純一（2015）『増補版・プロケースワーカー100の心得』現代書館
・新保美香（2005）『生活保護スーパービジョン基礎講座』全国社会福祉協議会

5 ケースワークの基本・訪問と記録

Q16 【記録の目的】
時々なぜ記録がいるのだろうと思うことがあります。人によっては簡潔に、詳細にと逆のことを言われます。なぜ記録を書かなければならないのか、意味を教えてください。

A16 なぜ記録を残す必要があるのか、目的を明確に把握しておく必要があります。ケース記録＝公文書であり、CWのためだけにあるものではないことを理解しましょう。よりよい支援を実践するためにはよりよい記録が必要です。

　CW業務が事務的に忙しいと、どうしても記録を厄介に思ってしまうことがあります。果たして上司に対してどれだけの内容が必要なのか、わからなくなってしまいます。内容が薄くても、これでもいいかなと思ってしまいます。単語を並べただけで、意味を類推することさえもできない記録を見たことがあります。CWによる負の連鎖を起こしているだけで、後任者に対して参考になる記録ではありません。

　過去の記録にケースワークの展開のヒントが隠されていることがあります。良い記録とはそういうものでしょう。後任者が自然に参考にしている事柄が書かれていた記録。それが参考になる良い記録です。

　法的な根拠をおさえて、なぜ保護を受けているのかを意識して、それをわかるように記録をすることで、CW自身も利用者を一人ひとり改めて認識し、意識化することができ、利用者の問題や支援内容の問題点を見直す機会になります。そのような記録を残すためには、目的を持った面談の実施が大前提です。

　記録には以下のような目的があります。

1　生活保護制度を使った支援の法的根拠を示すための記録

　制度を使った支援の法的根拠を示すのが記録の役割の一つです。なぜ保護が必要なのか、利用者の生活状況、保護の決定や程度の根拠等の客観的事実としてまとめておく必要があります。審査請求等に対して事実を証明する根拠資料にもなります。

67

2 社会福祉実践として支援の推移の記録

　CWが利用者への支援を実施する中で、その統一性・持続性・客観性を確保することができる重要なツールが記録です。記録を読み返すことで、よりよい支援へのヒントを見つけられることがあります。生活や行動を記録し、支援を実施する中で振り返っていくことで、利用者が生活構造の拡がりの中でどのような人間関係・社会的な位置づけ・日常の行動をもって生活しているかを知ることができます。また記録に残すことで、客観的な観察がしやすくなります。そうすることで漠然としていた支援内容、過程、目的が明確になります。単に客観的に物事を見るだけでなく、CWとしての感受性や専門性に磨きをかけ、CWとしての支援観を確立していくことが良い記録につながります。

3 地区担当員の交代に備えて

　担当CWは数年で、短いところでは1年単位で交代していきます。その職場環境の中で、適切な記録がとられていないと、CWが交代するごとに、同じことを何回も尋ねることになります。そうなると、利用者はCWや福祉事務所そのものへの不信感を抱いてしまい、CWの支援を受けようという気持ちを失ってしまうことになりかねません（ただし、同じことを聞いても利用者との関係性から違う新たな内容が出ることもありますので、同じことを聞いてはいけないという意味ではないことを付け加えておきます。同じことを聞き続けなければならない事柄もあります）。

　記録はバトンリレーみたいなものです。わかりやすい記録は世帯の問題、これまでの支援の内容、残された課題が明確になっています。それを次の担当の人に渡すつもりで書きましょう。的確な支援をしているCWは過去からの記録をよく読んでいます。

4 スーパービジョン（査察指導）を受けるために

　CWの指導や資質の向上につとめるスーパーバイザー（査察指導員）は、CWへの指導助言など、スーパービジョンのためにいろいろな方法を活用しますが、その基礎をなすものが記録です。記録をもとにCWの支援の過程、問題の捉え方、方向性について話し合います。記録の内容が薄い場合、CWが何を把握していて、何が今後必要なのかさえもわからないということになります。スーパーバイザーは利用者本人に会ったことがない場合もありますので、利用者が浮

かび上がってくるような客観的で具体的な記録が望まれています。

5 事例検討の基礎資料として活用

　昨今は機関連携も重要なので、支援方向の確認などでケースカンファレンス が開催されます。そのためには担当している期間中の情報だけではなく、過去 からの経緯が必要になることがあります。生活保護CWとしての発言は生活全 般を見る全体性の視点と法的な根拠が求められます。そのための基礎資料とし て記録が活用されます。

　記録を元にした組織の資質向上のための事例検討で、記録は活用されます。 常に支援を問うことで、ケースワークの専門性は維持、向上します。具体的に あげれば、組織内での事例検討を研修として実施することです。そのような視 点がCWのみならず、組織そのものを維持、向上させます。

【参考文献】
・岡本民夫・小田兼三編(1990)『社会福祉援助技術総論』ミネルヴァ書房
・小野哲郎(2005)『新・ケースワーク要論　構造・主体の理論的統合化』ミネルヴァ書房

Q17 【記録の書き方の７つのポイント】
記録が苦手です。どうすればわかりやすい記録
になるのでしょうか。そのコツを教えてくださ
い。

A17 やみくもに書いても日記になったり、わかりにくい文章に
なったりします。読みやすくて後々ためになる記録を書く
にはいくつかのポイントがあります。それらを意識して書
いていけば、わかりやすい記録になります。

　仕事の効率化が求められていく中で、いかに楽に記録するかという視点にな
り過ぎると、記録の中身が意味をなさないものになりますし、重要な支援の鍵
を落とすことにもなります。歴代のCWが残した記録を見たら、やはり個性が
出ています。手に取るようにわかりやすい記録だと読み進めていたら、CWが
代わった瞬間、利用者の状況や問題、CWの支援が途端に見えなくなるという
こともあります。記録は支援実績の写し鏡といってよいでしょう。良い面接、
支援の基礎がより良い記録になります。
　訪問に行った際の家の様子（整理整頓、ごみの状況、子どもの勉強空間の有
無など）、時には、匂いや、飾っている写真、台所の様子などは、後々に日常
生活自立支援や社会生活自立支援の観点で功を奏することがあります。相手の
表情・態度・話し方・言葉づかい・服装・しぐさ等、行動観察をしっかり行い、
多面的に観察し、記録しましょう。

1　5W1Hを明確に書く

　「いつ、どこで、誰が、なにを、なぜ、どのように」したのかをわかりやすく
書いていることが望まれます。誰が見ても状況がわかるような記録を書くこと
が必要です。どうしても長くCWをしているとわかっているだろうと思い、省
いたり、略したりしがちです。他人に見せるものですので、明確に書くことが
基本です。

2　項目ごとに書く

　「日常生活」、「健康状況」、「求職活動」、「就労状況」、「家族との関係」、「今後の課題」など、分けて書くとわかりやすいです。世帯員が複数の場合、世帯員ごとに状況を記載すると整理された記録となります。自然とCWの頭の中も整理され、課題、方針が浮かび上がります。

3　客観的な事実を具体的に書く

　利用者の生活状況を詳細に記録することが求められますが、問題につながるポイントを考えた上で、取捨選択して記載しましょう。特に数字、固有名詞などは明確にし、具体的に書くようにしています。

　（例）「毎日4キロのウォーキングにより、体重80→70キロと減量が成功し、膝痛が緩和したと笑顔で話す」

　「糖尿病の治療はしているが、先週の検査数値ではHbA1cは7.1と高値のまま。目標の6.4以内にはもう少し。運動と食事制限への課題に一層取り組むことを確認した」

4　時には言葉そのものや本人の反応や気持ちを書く

　基本は事実の記載です。ただし反応や気持ちを表すこともありえます。CWからの声かけに対して、利用者はどのような表情で了解したのかなどといったものです。言葉をそのまま使うことも時と場合によってはあります。

　（例）「CWより求職活動の報告を求めたところ、『やはり私の今の状態は理解してもらっていないのですね』とぽつりと漏らし、うつむいた」

5　開示請求に耐えうるものとして書く

　訪問や面談のみが記録ではありません。変更や支給などの決定内容の記載が求められます。その決定の際に法的根拠はどこにあったのか、組織でどういう考えをして決定したのかなどの理由は必須です。また挙証資料も記録の一部です。必要なものを揃えましょう。

　CWが法律に基づいて何を指示指導、助言したのかを具体的に書いておくことは公的な文書として重要です。

6 記載は客観的にしつつ、CWの判断は分けて書く

CWの個人的な価値や感情に基づくものは記載しません。喜怒哀楽が伴う感情労働ではありますが、利用者が何かできなかったことに対して事実は記載しても、あくまでも私的な感情を伴う記載は避け、客観的に書きましょう。

ただし、客観的な状況から判断可能なものとして記載することはあります。その場合、あくまでも客観的な事実そのものと、そこから導かれたCWとしての状況判断は、明確に分けて記載しましょう。

（例）「求職活動報告書の提出があったが、今月も面接には至っていない。ハローワークにも行けていない（事実）。就労意欲が見えてこない状況が続き、そもそも就労できる心身の状態なのかを判断をすべき時期だと思われた（判断）」

7 わかりやすく書く

人に見せるつもりで書きましょう。難しい言葉は困ります。専門用語の羅列は避けましょう。後々誰が書いたかわかるように押印もしくは署名します。それは公文書として残るものとしての覚悟が必要だからです。

6 課題別の支援のポイント

　この章が最もボリュームがありますが、これでも残念ながらカットしたテーマがいくつもあります。それほどCWが幅広く、様々な課題がある利用者を支援対象にしているかということがわかります。

　本章の各事例はあくまでもその分野での一つの事例に過ぎないので、ヒントを見つけていただきたいと思います。「母子世帯ならこう」などと、ステレオタイプに考えず、支援のヒントにはしても、定型化しないようにしましょう。個別性を大事にして、理解しようとする気持ちを伝えましょう。問題はシンプルではなく、方程式では解決できないことを理解しましょう。

　失敗や変化を受け入れ、－を＋に変えていくことがCWには求められています。その道の専門家の手を借り、知恵を借りましょう。その分野のプロはCWの姿勢を見ています。あらゆる角度で問題を見ていきましょう。

Q18 【ひとり親世帯の支援】
母子・父子家庭の世帯を担当しています。子どもがまだ小さいため就労支援を行うにも限界があると感じています。何かポイントになることがあれば教えてください。

A18 CWの支援は、稼働年齢層の利用者が就労し収入増加を図ることだけではありません。世帯の構成員全体を視野に入れて、今、何が大切かを判断することが重要です。小さい子どものいる世帯では、子どもがより健全に成長できるように、大人の生活環境を整えることも大切です。親子関係や抱えている条件に合わせて、可能な範囲の就労に留めること、場合によっては、就労を見合わせることも支援です。

1　ひとり親への配慮

　ひとり親になった経緯は千差万別です。共通することは、家庭内で、子育てと家事と母もしくは父の代役と自分を生きることを一人で担わなければならないことです。これに就労が加われば、時間が足りなくなります。ひとり親の貧困が「時間の貧困」と言われるゆえんです。これは、かなり大変なことです。本人も想像もしくは覚悟を超える事態が起きがちです。

　まずは、ひとり親世帯として生活することが安定しているかを生活場面の具体的な事柄から把握していくことが大切です。

　その上で、大変さを抱えていることがあれば、家庭相談員や子育て支援センター、必要に応じて保健師や学校などの協力を得ながら、解決策を探っていくことが大切です。

　また、利用者のみならず、ひとり親なるがゆえの近隣の厳しい評価(目)があります。ひとり親に「立派な親であること」を望む傾向があります。ケースワーカーが近隣と同調するのではなく、むしろ地域で生活する大変さを汲み取るように心がけましょう。

2　子どもへの配慮

　子どもの成長は、一律ではありません。子ども一人ひとりが異なるだけでなく、一人の子どもの中でも心と身体、学力などがバランス良く成長するわけではありません。このため、親の役割、必要とすることが画一的には判断できないことから、子どもの状況をよく聴きましょう。聴いた内容の判断は、家庭相談員や子育て支援センター、児童相談所、必要に応じて保健師などの力を借りて判断してよいでしょう。

　一方で、親の不安とは別に、集団生活を経験することで成長するところもありますので、子どもに関わる職種の協力も得ながら、保育所や幼稚園、学童保育の利用を話し合うことも方法としてあります。この場合も、子どもの状態に合わせた利用を心がけましょう。

3　生活と就労の両立の配慮

　前にも触れたとおり、ひとり親は一人何役も担うこととなります。このため、就労を強調すると、子どもとの時間、家事の時間が短くなりますので、一つひとつのことに少しずつやり残しが生じ、一定の期間が過ぎるとストレスとなる

場合があります。このことに気づかずに過ごしてしまうと、場合によっては、様々な形の不適切な養育＝虐待に至る場合があることを意識し、適切な時期に適切な支援につながるように心がけることが大切です。

4　自己実現、社会参加としての就労

　ひとり親家庭の親といっても、その人が24時間100％子の親であるわけではありません。その人らしく生きることは大切です。子の親であることも一面ですが、一人の人間として社会参加することも一面です。その方法の一つとして、就労があります。

　利用者の場合、能力活用、自立のための収入増加ということが重視されますが、それだけの強調だけでは支援が進まない場合があります。

　働くこと＝社会参加の意味を伝えることは大切です。特に、ひとり親の場合、仕事に従事している時間は、子育てや家事を意識しない"私の時間"でもあります。雇用先から課せられた労働を強いられる点から見ると自由ではありませんし、職場の人間関係もありますので、手放しに"私の時間"とはいえませんが、制度や家庭の役割からの発想とは別に、自己実現としての仕事を見てみることも必要です。

5　情報提供による負担感の軽減

　ひとり親世帯は、就業率が高いという統計があります（日本のひとり親のうち、8割は働いています）。働いている場合、時間に追われがちですので、情報収集や将来設計を考える余裕がありません。

　子どもの成長ステージに合わせた教育費等の支出がわからず、出費が迫ってから慌てる、困る話をよく耳にします。教育委員会や子育て担当課などには情報がありますので活用しながら、修学に関する活用可能な資金等の紹介と併せて、入学、卒業、進学などに合わせた計画（見通し）が持てるように支援することも大切です。

　また、親の資格取得や収入増加のための転職に役立つ制度などの情報提供も、定期的面接の中に盛り込むこともCWとしては大切です。

Q19 【子どもがいる世帯への支援】
子どもがいる世帯を担当しているのですが、子どもに対してはどのような支援をしていけばよいのでしょうか？

A19 生活保護世帯にあっては、親への支援が重要であることは当然ですが、子どもの健全育成のための支援、学力や進路保障のための支援も親への支援に劣らず重要です。また、子どもへの支援はＣＷが親と思いを共通にできる支援でもあります。

　子どもにはなかなか会いにくいとは思いますが、少なくとも年に1回は子どもとの面会の機会を設け、ＣＷとの関係作りに努め、子どもに夢や希望を語ってもらい、それを叶えるために、小学校〜高校卒業、大学や専修学校への進学を視野に入れた自立に向けた長期的な支援が重要です。

　また、子どもに生活保護の利用を知らせるかどうかも重要なことです。保護者との面談で、子どもが生活保護受給について知っているかどうかを確認し、知らせていないのであれば、その理由を聴き取りつつ、子どもへ生活保護を利用していることを知らせないメリット・デメリットを説明し、生活保護を利用していることは権利であること、様々な人が子どもの現在と将来を支え、応援していることを子どもへ知らせるように促していきましょう。

1　子どもがいる世帯への支援の基本的視点

　子どもは生まれてきた家庭環境に関わりなく、平等に生きる権利、大人になる権利を有しています。しかし、厳しい家庭環境の影響でその権利を侵害されていることもあります。

　権利の侵害によって健全な育成が妨げられることがないよう、ＣＷをはじめ関係機関が注意深く見守っていく必要があると考えます。

　そのまま子どもの貧困を放置すると、子どもが成長していくに従って獲得していくべき心身の成長や知識の獲得ができなくなるばかりか、貧困は孤立を招き、自己肯定感を減退させ、子どもの自立が阻害されることになります。

生活保護世帯は経済基盤の脆弱性から、進学をはじめ様々なことに意欲が持てなくなることが多いため、CWには子どもの持つ可能性を広げ、子どもの希望を叶えることを優先的に考えて支援してほしいと思います。

2　子どもと生活保護

生活保護世帯の親は生活保護のことを子どもに知らせていない場合も少なくありません。子どもとしては、医療券による受診、CWの訪問等により、薄々「何か違う」と感じていると思われます。前述のように、子どもに生活保護利用のことを知らせるメリットは、生活保護の利用は権利であって決して恥ずかしいことではないこと、生活保護を利用することで様々な施策が利用できており、様々な人が親子を支え、応援していること、できればそれに応えて、将来を真剣に考えてもらい、頑張ってほしいというようなことも伝えてほしいと思います。

3　子どもの可能性を引き出す支援

生活保護世帯では、学習習慣が身についていなかったり、家庭環境が学習には不向きだったりして、子どもに学習の機会を与えることが苦手な世帯があります。また、家庭にも学校にも居場所がなく、自分の殻に閉じこもり、適切な支援を受けていない子どももいます。

このような環境や支援に恵まれていない子どもに対し、「中3学習会」や「子ども食堂」等の活用を提案し、居場所や学習機会、食の提供をすることができれば、支援の幅が広がり、子どもの持つ可能性を伸ばすことができます。

さらに、学習の機会を提供し、学習に対する意欲の向上を図ることで、高校進学を現実的に考えてもらい、卒業後の進学や就職の選択肢を増やすことができます。また、給付型奨学金の創設などにより、大学進学も世帯分離という扱いは変わらないまでも、現実的な進路として検討に値する段階となってきています。

中学卒業〜高校入学〜高校卒業まで、切れ目のない就学支援を行うことができれば、低学歴を理由とした貧困から脱する可能性が高くなります。結果として貧困の連鎖を断ち切ることができます。子どもの持つ可能性に注目し、地域でどのような子育て支援があるのかを知っておき、子どもに合わせた支援をしていくことが、長期的な視点での自立支援となっていきます。

Q20 【ホームレスへの支援】
ホームレス経験が長い人への支援をする上で気をつけるポイントを教えてください。

A20 まずはCWがホームレス状態について、正しく理解する必要があります。背景には障害等をはじめ、複雑で重度の生活問題が絡み合っています。長期間のホームレス生活により、健康が悪化し、人間関係や社会関係が希薄になっています。単に住居を保障し、生活費を渡すだけではなく、過去からの経緯や問題の背景と現状を理解し、失ったものを補い、未来に向けた支援が重要です。

1 長く生存権が保障されなかった「ホームレス」への理解

　1990年代まではホームレス（路上生活者）の存在が多く認知されていても、セーフティネットとしての生活保護が十分に機能せず、積極的な支援が行き届いていませんでした。ホームレス状態が健康で文化的な生活以下の生活であることは一見して明らかですし、生活保護法では、そのような人の保護を現在地保護（法19条1項2号）として規定しているにもかかわらず、「住所不定者」として生活保護法に馴染まないとされていました。

　1990年代後半に、ようやく社会問題として議論が活発化し、2002年にホームレス自立支援法が成立しました。同法では、ホームレスとは、「都市公園、河川、道路、駅舎その他の施設を故なく起居の場所とし、日常生活を営んでいる者をいう」とされました。しかし、この定義は路上生活者だけを対象とする狭いものです。本来、ホームレスとは、欧米の定義にあるように、生活の基盤である「安定した住居を持たない状態」のことを指すべきです。

　現代では刑期を終えて出所したその日から行き場所に困る人、社員寮にいるため失職と同時に住居を失う人、家賃滞納で明け渡しを言われている人、家族からのDVや虐待から逃れて家を出た人など、ネットカフェや友人宅を転々として生活している人、シェルターや一時宿泊所で生活している人など、見えにくい「ホームレス」も視野に入れる必要があります。

78

6　課題別の支援のポイント

2　ホームレスになる過程で失ったものへの理解

　ホームレス状態とは、時間の長短はあるとしても、様々なものを「喪失」した結果といえます。病気や障害による身体状況、学童期の教育環境、希薄な家族関係、出身家庭の経済状況、就労や雇用状態など間接的要因から直接的原因まで重なり合い、複合しています。

　生活保護が始まり、ホームレス状態から脱却し、屋根のある生活になったとしても、それだけで支援が終了するわけではありません。支援は「喪失」から「回復」へ、失ってきた様々なものを回復していく取り組みや支援が求められています。それは再度ホームレス状態に陥らないための支援でもあります。ホームレス経験が長いほど、喪失してきたものはその人の生活の中で大きなウエイトを占め、根強く固定化し、諦めも伴って本人自身も喪失に気づいていないこともあります。

3　喪失から回復への支援

　支援のポイントは就労支援先行ではなく、まずは家を失っていたことによる社会的つながり、健康、衛生状態、各種制度へのアクセス権など、様々な喪失への回復支援が優先です[1]。それらの回復なくしては本来の意味でのホームレス支援はありません。住民票の設定により社会とのつながりの回復を図り、諸制度の利用が可能になるようにし、借金返済などの整理を行います。病気の場合は病院へつなぎ、服薬管理や通院ができるように健康管理の回復支援を行い、日常の食生活のこと、場合によっては家族との関係回復[2]など、これらの支援は今まで失ってきた様々な喪失を回復し、社会とのつながりを回復していく作業です。

　「ホームレス」と一括りにすることなく、個々の以前の状況を考慮し、本人とも話をしながら喪失から回復への支援計画を立てて進めていくと、整理されてくるのではないでしょうか。

4　生きていく場所の保障

　私たちの支援は生きていく場所で、いかにして喪失から回復に向かっていくかの作業であると考えます。

　一番重要なことは、何度も根気強く、ねばり強く支援を続けることに尽きます。様々な喪失をしているということは、今日に至るまで数えきれないほどの

79

挫折や失敗を繰り返してきていると容易に推測できます。支援をしていても、連絡が取れなくなったり、支援に乗ってこなかったり、再度住居を失ったりなど支援が及ばないことは何度もあります。本人の人生の中で起きる様々な出来事に対して、何度でも失敗を見守り、具体的に今何をするのか、それによって何が期待できるのかなど、1年後、5年後の生活をイメージできるところまで、中長期に援助を行ってほしいと思います。ホームレス期間以上に長期的な視点を持った支援計画が必要でしょう。

【注】
1 Q6「経済的自立（就労自立）　日常生活自立　社会生活自立の考え方」を参照。
2 扶養照会が大きな精神的な負担になります。家族、親族から離れた結果だからです。このことで再ホームレス化する場合もあるので、一方的な扶養照会ではなく、過去の状況、本人の思いを十分配慮して、可否を検討してください。参照：全国公的扶助研究会監修（2017）『よくわかる　生活保護ガイドブック①　Q&A　生活保護手帳の読み方・使い方』明石書店　6 扶養の章参照。

6 課題別の支援のポイント

Q21 【高齢者への支援】
高齢者世帯について、どういった視点で支援を行えばよいですか。ケアマネージャーが主体となって支援体制は構築されているので、CWがどういった立ち位置で支援を行えばよいのかわかりません。

A21
一言でいえば、ケアマネージャーは介護を中心に支援する職種であるのに対して、CWは、生活を丸ごと支援する職種です。ケアマネージャーは、介護を必要とする方が介護保険サービスを利用できるよう必要な手続きや調整を行う職種です。介護保険サービスに関する分野は、ケアマネージャーと連携し情報交換しながら、CWの担うべき役割を明らかにして支援することが必要です。その際、高齢者の抱える生活問題は、介護保険領域のみですべて解決できるのかも考えてみましょう。

1 ケアマネージャー（介護支援専門員）の役割

ケアマネージャーは、介護保険法に位置づけられた職種で、介護保険の根幹をなすケアマネジメントを担う職種です。具体的には、①介護を必要とする方への相談対応、②ケアプラン(サービス計画書)の作成や給付管理、③高齢者と市区町村、サービス事業者の間の調整という役割を担います。事例によっては、ケアマネジメントの枠に収まらない仕事(例えば、生活困窮高齢者の生活保護申請の補助、配食の紹介、利用者と家族の関係調整、地域活動への参加の促しなど)も行っています。

2 適切なサービス利用のために

皆さんの接する高齢者の方々は、利用している介護保険サービス関係者に対して、自発的に意見や希望、不都合、不具合を発言できていますか。

多くの高齢者の中には、モニタリング時に要望などを話さない方も見受けられます。一方で、CWに介護サービスのミスマッチなどの話をする人もあります。

81

お世話になっている人にはっきりものを言うことを控える傾向は、高齢者に限らず誰にでもある心情です。このようなときには、CWが、利用者の声としてケアマネージャーに伝えることが大切と思います。利用者の話した内容をどう評価するかは、その後のケア会議等で検討すればよいことです。

　また、介護保険サービス関係者には見せない利用者の変化が生じている場合もあります。届出事項の多い生活保護の利用は、判断力の変化に気づく機会となりますし、光熱水費の支払状況などは、実行力の変化や記憶力の変化に気付く機会となります。このようなときは、新たなサービスの検討が必要になることもあります。

　生活保護制度では介護扶助を適用しているわけですから、適切なサービス利用があって介護扶助も適切に運用されているといえます。また、需要が明らかでも費用負担が発生するため、生活保護の運用判断を待たないと、ケアマネージャーも利用者も動き出せないこととなります。

　子どもや孫などの親族や近隣の方々との関係は、CWだからわかる部分と、介護保険サービス関係者だから把握できる部分があります。情報交換することは、多面的に豊かに利用者を理解できることにつながります。

3　CWだからできること

　生活保護制度でできることを適用していくことはもちろんですが、状況の変化に応じて、親族との交渉や調整を行うことができるのは、公的機関である福祉事務所となります。特に、広域にわたる場合は、福祉事務所ならではの仕事となります。契約、入院、手術、相続等に関する親族との調整は、CWの仕事となります。

　また、高齢者の多くの方は、この世を旅立つときを心配されております。心配な事柄に向けた準備（情報提供）は、利用者が望むなら、支援すべきことです。終活支援です。このことは、福祉事務所としても、そのときをスムーズに対応していくことにつながります。

　高齢者の話題は、地域や日本の歴史、人間を理解する上で、貴重なエピソードです。人生の先輩への尊敬を持ち、遅かれ早かれ自らも辿る道筋を教示してもらっていることに敬意を表しながら、接することが大切です。

6 課題別の支援のポイント

Q22 【DV・虐待被害者への支援】
離別母子家庭ですが、仕事に就くと言いながら
なかなか進みません。子の父への養育費請求に
拒否的です。婚姻時に元夫からの暴力があった
のですが、離婚後の時間も経っており、現在、
暴力はありません。どうしたらよいでしょうか。

A22 配偶者からの暴力(DV)を経験した人は、身体的ダメージ
だけでなく、心理的にも社会的にもダメージを受けている
ことから、なかなか決断ができない、うまく表現できない
などの傾向が多くあります。また、暴力のない状況になっ
ても恐怖心が消え去ることはありません。養育費の請求は、
再び元夫との関係性を思い起こさせることから、拒否的態
度をとることは当然です。まずは本人の不安、恐怖を理解
するところから始めましょう。

1 DV被害経験者の状態

　DV被害とは、力による支配を受けることです。身体的暴力だけでなく、経
済的、心理的、社会的、性的暴力もあることはご存じと思います。どのような
種類の暴力であっても、深く心に傷を残します。不本意だったとしても支配的
関係の中に身を置き続けることにより、考えること、自己主張すること、自主
的行動を取ることなど一個人としての尊厳ある行為、思考、意思表示を諦めて
しまいます。これは、自分を守るための手段なのです。

　よく耳にすることですが、「なかなか決断ができない」、「なかなか行動がで
きない」、「約束したのにできない」という背景は、前述の状況が影響するため
です。

　また、恐怖心は、本人とパートナーとの間に起きた事実に起因しており、他
者との比較は意味がありません。恐怖心が消え去ったかのように見える状態で
も、傷つきのある人は、ちょっとしたことで恐怖心が一気に甦ってしまう場合
があります。

　このような状態は、表れ方に若干の違いはありますが、虐待経験や犯罪被害

83

経験を持っている方にも見られる傾向です。

2　行動を取ることの難しさ

　被害経験者が、約束や決断をしたのに行動が取れないことには理由があります。

　一つは、自ら考え、決断し、行動することは、暴力の的となるため封印せざるを得ない場合が多いことです。CWの「どうしたいですか」、「どのように考えますか」などの問いに答えられない場面が生じます。

　二つには、相手の言うことに反論や異論を言わずに同調することが安全である場合が多いことです。CWの「働きましょう」、「求職活動のためハローワークに行きましょう」、「体調が悪いなら病院へ行きましょう」などに、「はい」と返事をする場面があります。力のある者からの指示を受け入れることと同様になっていることに気をつけましょう。

3　養育費請求等への不安

　どんな親であれ子どもが成人するまでは養育義務を負っていますので、養育費請求すべきとCWが考えることは理解できます。しかし、養育費を請求することは、自分や子どもたちの居場所を知られてしまうこと、養育費を理由に交流を持とうとすることが想定され、本人にとっては恐怖心の再燃若しくは増大につながります。

　不安を抱くことにより、これまで"当たり前"にできていたことが、できなくなる、精神的に落ち着かなくなる、子どもへの適切な対応ができなくなるなどの変化が生じる場合があります。

　生活保護制度では、扶養など民法上の義務履行を掲げていますが、運用に当たっては、これまでの関係性の中で判断していくことが必要であることも明記されていますので、一律な判断をすることのないよう個々の状況を把握し、記録しておくことが大切です（『よくわかる生活保護ガイドブック① Q&A 生活保護手帳の読み方・使い方』明石書店　6 扶養の章参照）。

4　DV関係の下で育った子どもたち

　児童虐待防止法では、DVを見聞きする環境下にいる児童は被虐待児と定義しています。虐待を受けると発達に影響がありますが、虐待と発達の関係につ

84

いてここでは触れません。

　DV下の場合、一番身近な大人の人間関係モデルが、支配、被支配の関係となりますので、それ以外のモデルを知る機会がなければ、子どもはその関係を人間関係のベースとして学習します。そのことが現れる機会は、親子関係、兄弟姉妹関係、学校の集団生活などと多くあります。生活のあらゆる場面で、周囲の人との関わりを具体的に把握することによって、危険なサインをキャッチできます。一番わかりづらいのは、思春期などの恋愛にみられる親密な異性との付き合いが始まったときです（デートDV）。その前に、適切な人間関係の築き方を学ぶ機会に恵まれることが大切です。

　また、DV下で育った子どもには、時々、とても良い子、立派な言動を取る子が見られます。立派な行動を取ること、親の味方になることや手助けをすることなどの頑張りで、辛い気持ちや言いたいことを押し隠し、辛い状況を潜り抜けてきたためです。子どもなりの身を守る方法だったのです。「立派ですね」と手放しに喜ぶのではなく、傷つきのサインかもしれないと思いを巡らせてみることも必要でしょう。

4　CWとして心がけたいこと

　ケースワークに際しては、一般論で考えるのではなく、目の前にいる“あなた”と向き合い、本人の気持ちや意向に耳を傾け、わからないことは率直に教えてもらいながら、判断材料を豊富にしていくことが大切です。

　何よりも、安全、安心の提供から始め、考え、行動できる力を蓄える支援が必要です。

　また、CWだけで抱えることは困難です。福祉事務所の婦人相談員、家庭相談員や婦人相談所、配偶者暴力相談支援センターなどの専門機関とつながり、DV被害者の状態像の理解と生活保護の役割を明らかにしながら援助、支援に携わることが大切です。

Q23 【債務・浪費に対する支援】
保護費が支給されても、すぐに使ってしまい、
窓口に「お金がない」と相談に来る方がいます。
どうしたらよいでしょうか？

A23 保護費のやり繰りがうまくいかない場合、その裏に未申告
の借金やギャンブル依存症等の問題が隠れている場合が
あります。個人のやり繰りの問題だけにせずに、何か他の
要因がないのか、多面的に検討していく必要があります。

1 借金や依存症の可能性を考える

どうしてもやり繰りがうまくいかない場合、その裏に申請時に申告できなかったカードローンや債務や各種依存症、認知症、精神疾患、知的障害、発達障害等の問題が隠れていることがあります。

負債やギャンブルは、CWにはなかなか言いづらいものです。しかし、その問題を発見できれば、法律相談や医療機関につないで支援をしていくことができます。そのためには日頃からコミュニケーションをとって信頼関係を深め、重い話題でも話しやすい雰囲気を作っていくことが大事です。やり繰りがうまくいかないことを責めても意味はありません。その理由を探し、一緒に解決策を探していく姿勢で支援に臨みましょう。

各種依存症、認知症、解離性障害や双極性障害などの精神疾患、知的障害、発達障害等のハンディゆえに金銭管理が困難になっていることがあります。金銭管理から逆にそれらの問題が判明することもあります。金銭管理のみの問題ではないことが多いので、日常生活の状況を聴取し、関係者の話を聴くなどして、トータルに状態を把握し、疾病や障害に応じた支援を検討しましょう。

2 実際の使い道を把握しよう

せっかく保護費を受け取っても、次の支給日のだいぶ前に「お金がない」と言って来所する利用者に対して、「お金を貸すことはできません」、「節約してください」と言うだけでは、根本的な解決にはなりません。生活保護費は必要最低限（最低生活費）しか出ていませんので、そもそもやり繰りが大変であるとい

6 課題別の支援のポイント

う認識がまず必要です。

　大事なことは、その人が実際に何にどれぐらいのお金を使っているか、細か
く聴き取ることです。具体的に知っていくと、定価の半額で買えるものを定価
で買っているかもしれません。嗜好品を多く買っていることに気づくかもしれ
ません。そうすると、そこに対してより廉価な物が買える場所を助言するとい
ったやり繰りの助言や、必需品と嗜好品の買い分けを助言すること等にもつな
がります。そうした実態を把握していくことで、その人の金銭管理能力などの
生活力も高まり、支援者にとっては支援のポイントも見えてきます。そういっ
た細かな働きかけが、浪費に対する支援に対しては肝要です。

3　就労収入の認定の仕組みを説明しよう

　すぐに保護費を消費してしまう人の中には、就労収入がある場合もあります。
その場合には、そもそもその人の最低生活費がいくらで、それに対して収入を
いくら認定していて、基礎控除がいくらで、必要経費をこれだけ控除している
という仕組みが理解できているかの確認が必要です。それは利用者本人もさる
ことながら、CWでさえ内容の把握が疎かなまま、お金の使い道に関する助言
を行っている人もいるのではないでしょうか。

　就労収入がある人は、就労収入がない人に比べて保護費の変動が多くなりま
す。その際、自分自身の最低生活費を把握していなければ、保護費と就労収入
を合わせていくらまで使えるのかがわからなくなってしまいます。自身の最低
生活費を知ることで、初めて毎月のやり繰りの見通しが立てられるようになる
のではないでしょうか。

　就労収入をはじめとする収入認定の仕組みは、該当する人には必ず丁寧に説
明して理解を得ておきましょう。

4　さらに考えられる支援

　ただ節約を助言したりするだけでは根本的な解決にはなりません。やはりそ
れとは異なる支援が必要です。問題を簡単に解決することはできませんが、例
えば「一緒に買い物に行く」ということも、支援の方法の一つとして考えられる
のではないでしょうか。レシート等で消費の状況を確認するのもよいですが、
一緒に買い物に行くとその場で消費の傾向がわかり、即座に助言ができます。
さらに、買い物という非常にプライベートな領域での共通体験をすることで、

87

信頼関係も深まります。日々の業務は忙しいかもしれませんが、こういった支援をすることにより、それ以降の支援がスムーズになっていくことも考えられます。

　また、家計相談支援事業等の活用も検討すべきかと思います。クレジットなどの使用によって家計の実態が利用者も理解していない場合もあります。長期的な家計の見通しを持つことや、無駄等をなくすことなど、専門的な支援を得ることは有益です。家計の立て直しの展望が見えてくれば、利用者も計画的に収支を考えた生活ができるでしょう。

　対人援助は常に時間がかかる営みであって、簡単に解決できるものではありません。その人の生活を具体的にとらえ、抽象的ではない、具体的なレベルで助言などの支援をしていきましょう。

6 課題別の支援のポイント

Q24 【病気のある人への支援】
病気のことが難しくてよくわかりません。利用者を支援するときにどのようにして医療機関と連携したらよいですか？

A24 疾病を理解するには非常に専門的な知識が必要ですので、CWがすべてを担う必要はありません。CWは基本的な疾病の理解に努め、高度な知識については積極的に医療機関と連携をすることで補うことができます。CWが生活を、医療機関が医療を担当し、それぞれの強みを活かして支援を行うことが大切です。

1 CWが利用者の生活を支援し、チームとして支援する

　生活保護利用者の多くは医療的な課題を抱えており、生活保護ケースワークと医療的な支援は切り離せない関係です。特に高齢者になると医療ニーズも高まり支援方針に大きな影響を及ぼします。一方で疾病や治療方針をCWが理解することはかなり難しく、むしろ勝手な解釈は医療従事者との連携を難しくさせることもあります。診断や治療方針は医療機関に任せて、チームとして支援することが大切です。

　CWは普段の関わりから見えてくる（医療機関からは見えにくい）利用者の普段の生活や本人の想いを支援方針に反映させる役割が重要です。

2 在宅治療を希望する利用者の思いをMSWと連携して実現した事例

【事例】Aさんは70代後半の一人暮らしの男性でした。若い頃は宮大工をしており全国を飛び回って仕事をしていました。あるとき胃の不快感を覚えたAさんが医療機関を受診したところ、悪性度の高いスキルス胃がんであることがわかりました。手術の適応もなくターミナル期で、できれば終末期医療のできる病院に入院をすることを勧められました。

　しかし、Aさんは自宅での生活を強く望んでおり、そのことをCWに相談をしました。Aさんの生活を知るCWもできるだけAさんにとって在宅で生活することが生活の質を高めるために非常に大切だと考えました。しかし、主治医

89

協議でＡさんの想いを伝えましたが、主治医は医療的な管理が在宅では難しいことを理由に、入院が必要と治療方針を変更しませんでした。

　そこで、ＣＷは病院のメディカルソーシャルワーカー（以下、ＭＳＷという）に相談をしました。ＭＳＷからは、もう一度主治医にＡさんの気持ちを伝えてみること、在宅療養に積極的な在宅医を探してみると提案を受けました。

　その結果、主治医も往診で全身状態の管理を行うこと、急変したときは入院治療に変更することを条件に在宅療養についての理解を得ることができました。また、病院の主治医からＭＳＷが事前に往診の調整をした在宅医を紹介してもらい、往診による在宅生活が実現しました。Ａさんは、週に３日の往診と訪問看護で疼痛コントロールをしながら、穏やかな日常生活を続けました。

　病状が次第に悪化し在宅療養も限界に近づいたとき、在宅医より再度病院の主治医にバトンが渡されました。ＣＷと丁寧に連携していたＭＳＷはＡさんの生活状況を聞いていたため、主治医に対しＡさんの宮大工としての生活歴や、この間の生活状況を報告し、主治医がＡさんを理解することを助けました。そして、入院に際してＡさんが命の次に大切にしていた大工道具を病棟に持ち込むことを許可してくれました。その１ヶ月後、共に人生をつみ重ねてきた大工道具に看取られるようにＡさんは安らかに息を引き取りました。

3　ＭＳＷと連携して、利用者の思いを代弁する

　病院は医療的に患者さんを評価し治療方針を決めますが、その際にその人の生活状況が十分に考慮されていない可能性もあります。普段から利用者の生活に寄り添っているＣＷには生活状況や本人の想いを支援方針（治療方針）に反映させるための代弁機能も求められていますので、医療機関には必要な情報を伝えることが大切です。

　そして、医療機関との連携はＭＳＷを窓口にするとよいでしょう。医師をはじめ医療機関のスタッフの多くは多忙で、なかなかＣＷと直接コミュニケーションをとることが難しいので、医療機関内の調整はＭＳＷに任せるとスムーズに連携が進みます。担当している利用者が入院になったときや外来受診の同行をするときなど、その医療機関のＭＳＷに会いに行くとよいと思います。顔の見える関係を普段から構築することでいざというときの連携がスムーズになります。ぜひ、積極的に日頃からの関係作りに取り組んでください。

6 課題別の支援のポイント

> **Q25** 【身体障害のある人への支援】
> 身体障害のある人への支援はどのようにすれば
> よいのでしょうか？

> **A25** まずは障害特性を理解して、その障害があることによって、
> 日常生活にどんな不利益が生じているのか、本人に特性を
> 聴いて、しっかり把握して配慮をしながら支援を組み立て
> ていきましょう。

1　社会との関わりの中で障害をとらえる

　身体障害を身体の機能的な問題（＝個人に理由がある）ととらえるのではなく、社会のあり方によってその障害の表れ方が変わってくる（＝社会に理由がある。社会モデル）という視点を持つことが必要です。

　適切な社会資源やサービスにつなぐこと、なければ作っていくこと、権利を擁護していくこと、長所（ストレングス）に着目してエンパワメントしていくこと等、社会の側から行える支援を考え、利用者の自己決定・自己実現を保障していくことが大切です。日々の支援にあたる際も、社会のあり方との関係で障害をとらえるという視点を持って臨む必要があります。

2　「身体障害」は様々

　「身体障害」と一口に言っても、車椅子を利用する人もいれば、聴覚障害のある人、目が不自由な人、呼吸器や腎臓等の体の内部に障害を抱えている人もいます。

　しかし、どの人の支援にも共通していえることは、どのような生活をしたいかという利用者の希望をしっかり聴き取り、その希望を尊重して支援をしていくということです。また、その障害があることによって、利用者の生活にどのような不利益が発生しているのか、具体的に把握しなければ支援は組み立てていくことができません。

　とはいえ、同じ障害でもその状態は一人ひとり違います。例えば聴覚障害と一口にいっても、聴力、手話の習得度、生まれつきなのか中途障害なのか等、様々な状態があります。また、同じ障害でも中途障害の場合は、もともとの能

91

力が失われたという喪失感を抱えているかもしれません。つまり、同じ障害だからといって安易に類型化せず、あくまで個別化の視点を忘れずに、その人のニーズを把握するようにしましょう。

3　情報を正しく伝えること

　いわゆる健常者と呼ばれる人たちにとっては何気ないことでも、身体障害のある人々にとっては重大な問題であることがあります。その一つが情報へのアクセスであり、特に生活保護をはじめとする行政にあっては、このことの持つ意味は極めて重要です。

　例えば、生活保護においては、どの自治体でも保護変更通知書を発行しています。しかし例えば視覚障害がある人には、それが読めないかもしれません。もしそこに保護の停廃止や指導指示につながることが書かれていたら、それが伝わらないことはあってはいけません。また、例えば聴覚障害がある人に「口を大きく開けてゆっくり口頭で」伝えたからといって、それで伝えたと早合点してはいけません。唇を100%読み取るのは不可能ですから、伝えたつもりのことが伝わっていないかもしれません。

　つまり、伝えたという行為の事実だけで満足してはいけないということです。ちゃんと伝わったか、本当に伝わったか、しっかりと確かめることが必要です。視覚障害がある人に対してであれば、点字や音読が必要になるかもしれません。聴覚障害がある人に対してであれば、手話や文字通訳が必要になるかもしれません。とにかく、使える手段を活用し、正確な情報を伝えていくことを心がけておくことが肝要です。

4　見えない障害もある

　特に内臓に障害がある人は、一見すると健常者と変わらないように見えてしまいます。しかし実際には身体の内部の障害から、何らかの配慮や支援を必要としている場合があります。

　「見えないから大丈夫そう」ではなくて、「大丈夫そうに見えるから辛い」のであって、特にそういった人々の生活を支えるCWは、どのような点に辛さがあるのか、本人からしっかり聴き取り、日頃の生活状況を確認し、現在ある制度で使えるものはないか、新たに作っていくべき仕組みはないか等、生活を支える専門家として把握する必要があります。

5　他の社会資源・他の部署との協力は必須

　障害者福祉は、制度がたびたび変わり、仕組みも複雑です。障害者福祉を担当する部署との協力関係は必須です。その仕組みや運用に関しては何よりも担当部署が一番詳しいことは当然です。ですので、積極的に障害者福祉の担当部署に協力を仰ぎ、わからないことは尋ね、情報交換に心がけましょう。そうした日常的な連携が、風通しのよい部署関係を生み出し、障害者への支援を向上させるのです。

Q26 【知的障害のある人への支援】
知的障害のある人を担当することになりましたが、どのように向き合ったらよいかわかりません。教えてください。

A26 CWは多くの利用者を担当することになりますが、知的障害がある人についても、生活保護法の目的を実現するための支援を行うという点では変わりありません。ただし、特性を理解して、その方に合った話し方など、対応の仕方を工夫する必要はあると思います。

1 知的障害と一言でくくれない。

　知的障害は、知的機能や日常生活・社会生活の適応性により総合的に診断される知的発達の障害を言います。言語による意思疎通が難しい人から、日常会話では障害があるかどうかわからない人まで、障害の程度も様々です。また、発達の偏りを特徴とする発達障害が合併している場合もありますし、性格や成長過程でどんな経験をしてきたか等によっても、その人の人となりが違ってきます。このことは、障害がないとされている人々が、一人ひとり違っていることと同じようにあたりまえのことです。ですから、障害の程度や内容にあまり先入観を持たず、ありのままに受け止めて対応したらよいと思います。

　ただ、その人に話の内容をよりよく理解してもらえるよう、なるべく具体的で平易な言葉を使うことや、図や写真を活用したり、経験のあることになぞらえて話したりするなどの工夫は、お互いの信頼関係を作っていくためにも大事なことです。また、これまでの記録のほか、家族や関係機関等からの情報も参考になると思います。本人以外の人から話を聞く場合は、本人との直接のやり取りを行った上で、本人に説明してから周りの人と話をするようにしないと、その人を尊重していないように受け取られる可能性がありますので気をつけてください。

2 最低生活保障

　さて、生活保護法の目的に沿ったケースワークをすることは、障害の有無で

94

変わるものではありませんが、障害者加算や一時扶助については、本人が自ら気づいて申請することは難しいことを考慮して、特に気をつけて漏れのないよう聞き取りや観察を行う必要があります。日常生活、社会生活上困ったことがないかについても、本人のニーズを引き出すような働きかけをして、障害福祉サービス等の必要な支援を行うことは、最低生活保障のために欠かせません。

3 自立助長の視点が大事

　障害のある人に対して、特に意識して取り組みたいのが自立助長のための支援です。就労自立だけが自立ではないことは、Q5、6ですでに触れられていますが、反対に障害があるからといって最初から「働かなくてもよい」と決めつけるのは狭い考えです。日常生活において自分の身の回りのことが自力でできなくても、支援を受けながら社会とつながって仕事を持ったり仲間を持ったりして生活することは、その人の人生を豊かにする一つの方法であるように思います。

　私がCWになりたての頃の経験です。障害のある人を担当することになりましたが、私は、就労指導は必要ないと思っていました。何回目かの家庭訪問のときに「仕事をしてみたい」とその人が希望したので、一緒に仕事を探すことになりました。結局、福祉サービス事業所に通うことになったのですが、その後、その人がとても元気になられてその変わりように驚いたことと、仕事ができてうれしいと言われたことによって、私の考えが大きく変わりました。仕事は、お金がもらえる労働というだけでなく、社会とつながることであり、仲間ができることであり、楽しみができることであり、何より生きがいになるものだということを教えられました。

　仕事のことを例に出しましたが、自立とは、できないことを自分でできるようになることだけではありません。支援を受けながらより豊かな生活を送ることもまた自立の形です。障害のある人の中には、特別支援学校等の限られた環境の中で生活してこられて、自分の将来を幅広く考えたり、やりたいことを自分で選んだりすることが苦手な人もおられると思います。それぞれの人にとっての自立の形を、今だけでなく将来も見据えて、一緒に考えることができたら、ケースワークはより楽しくなることでしょう。

　とはいっても、経験のない中ではどうしていいかわからなくなることも多いと思います。ぜひ、障害福祉関係の支援者や相談員に相談してみてください。

時には一緒に面談することによって、どんな話し方をしたらわかりやすいのか、どんな対応をしたらその人から話を引き出せるのか等、多くのことを学べることでしょう。また、その支援者や相談員の持っている知識やネットワークが、あなたのCWとしてのスキルを高めることにつながると思います。

4 知的障害と認定されていない人

　CWとしていろいろな人と出会う中で、知的障害があるのではないかと感じることもあると思います。障害のある人への支援の経験があれば、その人に専門職を紹介したり、障害認定を勧めたりすることができるのではないでしょうか。大人になってから認定を受けることには抵抗を感じる人もあるとは思います。しかし、支援を受けることで生活を豊かにすることができるということ、そういう選択肢もあるということを伝えることは誰かがするべきことではないでしょうか。もちろん、認定を受けるか受けないかの最終的な判断はその人に委ねたらよいと思います。

　私の経験ですが、障害年金を受けることを目的に60歳前に知的障害の認定を勧めたことがあります。その結果、年金はもらえなかったのですが、療育手帳が交付され、市バス等が無料で利用できるようになったことをとても喜んでくれました。その人が、療育手帳を自分の公的証明書として堂々と提示している姿を見て、障害認定を勧めるのをためらった自分の方が偏見を持っていたのかもしれないと反省したものでした。

6 課題別の支援のポイント

Q27 【発達障害が疑われる人への支援】
就職がなかなか決まらなかったり、就職しても長続きしなかったりする利用者がいます。日ごろ接している中で、コミュニケーションでの食い違いが目立つようになりました。どういった支援を展開していけばよいのかわかりません。

A27 特徴的な事柄から発達障害の可能性があります。精神科の中でも専門医の診断を待たないといけませんが、生活歴を丁寧に、具体的に聴取して、障害特性を理解していきましょう。その人に合った支援を医師や専門家の助言を得て行いましょう。

　発達障害は先天的な脳の機能障害です。過去には、親の養育態度やテレビの見過ぎなどが原因であるように誤解されてきましたが、現在は、それらはすべて否定されています。今の社会に適合することに苦労する障害といえます。

　2005年の発達障害者支援法の施行により、各都道府県、政令市などに発達障害者支援センターが設置され、各種相談ができるようになりました。まずはそこへの相談が有効です。ハリウッドスターや芸能人が障害を公表し、少しずつ理解が広まっていますが、今なお障害への無理解、差別が多くあります。正しい理解、社会的な対応がさらに進むことが望まれています。私たちが障害を理解するには専門家が著した文献を、思い当たる人を想像しながら読み、正しく理解して、専門機関につなげていく必要があります。

　次に主な発達障害について説明しましょう。

1　自閉症スペクトラム（広汎性発達障害）

　自閉症、高機能自閉症、アスペルガー症候群、その他広汎性発達障害。「社会性」「コミュニケーション」「想像力」。その三つに障害特性があります。会話ができているようで、できにくいですし、人に合わせられず、社会性がないので失礼な言動もします。想像力に乏しく、融通はききません。そうなるとイジメも多く、被害者意識、妄想を持ちやすく、周囲がすべて敵に見えるなど、

97

うつ病や強迫性障害などの二次的な障害を発症することがあります。

学生生活までは指示通りに動くことで問題は少なかったとしても、社会に出ると指示されないと動けず、人と人との間に入るようなことが苦手で、職場に定着できなくなります。

このような状態で求職活動をしてもうまくいかず、生活保護を利用し、就労支援をしていても、なかなかフィットしないことがあります。

聴覚情報が残りにくいので、順序を整理、計画を立てるなど、物事を文字情報にして伝えるなど、支援の中でも工夫が必要です。仕事は就労支援のアセスメントの中で強みを探しましょう。定型化した仕事の方が向いている方が多いようです。

制度説明は抽象的な表現は避け、具体例を挙げながらすることで、理解しやすくなります。診断を受けていない場合は、二次障害から手帳取得を勧めたりするなど、精神科医との連携が重要です。

2　LD（学習障害）

識字、書字、計算などの特定の分野が極端にできない障害です。俳優のトム・クルーズがディスレクシア（識字障害）であることを公表していることで有名です。台本を読めない分、セリフを説明してもらい、聴いて覚えているようです。

私が過去に担当した男性は、いくら努力をしても字の読み書きができないことを今まで隠し続け、就職先で字を書く場面があると失踪退社を繰り返していました。一つの字がバラバラに離れて見えるそうです。履歴書はCWが代筆をし、日報など字を書かないで済む仕事に就職をすることができました。

3　ADHD（注意欠如・多動性障害）

極度に落ちつきがない、集中力がなく、社会生活に困難が伴うのが特性です。多動性衝動性優勢型、注意欠如優勢型、その二つを併せ持つ混合型があります。

30代で障害がわかった混合型の女性の事例です。幼少期はきょうだいの中で一人だけできないことが多いことで親からの虐待があり、結婚しても相手の無理解、怒りからのDVで離婚。そのような中でも二人の子どもの育児は一生懸命していました。二次的障害の感情障害の診断があり、そこで精神障害者福祉手帳と療育手帳を取得しました。女性はようやく自分を苦しめていた問題の

原因がわかり、ほっとしたと語ってくれました。

　障害特性に合った支援の約束をするなど、CWとの関係を整理し、保健師との定期的な育児相談、ヘルパー派遣、保育所入所、就労継続支援B型の活用などで、女性の世帯を理解する多くの専門家を周りに配置しました。それらにより孤独ではなくなり、上手に受援でき、精神的に余裕を持てる生活ができるようになりました。

【参考文献】
・磯部潮(2005)『発達障害かもしれない──見た目は普通の、ちょっと変わった子』光文社新書
・佐々木正美・梅永雄二(2008)『大人のアスペルガー症候群』講談社
・岩波明(2017)『発達障害』文春文庫

Q28 【精神疾患のある人への支援】
統合失調症やうつ病等の精神疾患の利用者への関わり方がわかりません。

A28 精神疾患とひとくくりに総称されがちですが、疾病により違いますし、症状は人それぞれですから、支援方法や関わり方も異なります。まずは、ある程度の疾患に対する知識を学んでおくことが大事です。

　ケースワークに取り組むにあたって、精神疾患について学び、適切な対応方法を取ることで、利用者との信頼関係も築きやすいですし、その後のケースワークも行いやすくなると思います。「精神疾患は難しい」と話すCWが多いですが、それは精神疾患についての知識がないから無意識に難しいと決めつけているだけではないでしょうか。概要を少し勉強しておくだけでも、苦手意識は改善されると思います。代表的な精神疾患について簡単に触れます。

1　統合失調症

　脳の神経伝達物質や脳の構造に障害があり、幻覚や妄想といった症状が現れ、それに伴って生活に障害が出てくる病気です。陽性症状として多くの方にみられるのが、人の姿も見えないのに他人の声が聞こえ、自分の秘密を暴露され、誹謗中傷するような「幻聴」、また、自分の秘密が知れ渡っているのは盗聴器のせいであり、誰かが常に自分をつけ狙っていると確信するような「被害妄想」です。陰性症状としては感情の平板化、ひきこもり、意欲の欠如などがあります。ホームレスやひきこもりの原因に統合失調症が多く見られます。

2　感情障害

　誰しも「憂鬱である」、「落ち込んでいる」という日があると思います。そのようなやる気が起きず、ふさぎ込みやすくなる日が2週間以上連続で続いたときや、症状が重度である場合に、「うつ病」と診断されます。「抑うつ状態」だけでなく、「躁状態」がある場合は、双極性障害（躁うつ病）と診断されます。どちらも真面目で几帳面な方がなりやすいと考えられています。またその人の人生観

や価値観と結びついた妄想を呈することもあります。

3　神経症

　「不安神経症」、「パニック障害」、「恐怖症」等、神経症の中でも細かく分類されますが、その原因は十分には解明されておらず、今日では、心理的要因だけでなく、脳機能異常（身体的要因）もあるという説が有力となっています。また、社会的要因が背景に潜んでおり、日本人には対人恐怖症が多く、人の目を気にして恥を重視する日本文化独特のものといわれてきました。

4　具体的な支援

　いずれの病気にも共通することは、精神疾患とは、自分が心の病になっていることを認識することができにくくなるということです。これは「病識がない」と言われます。支援する上で、利用者本人に病識があるか否かで支援の短期目標が異なってきます。

　病識のない利用者については、CW一人の働きかけで支援を展開していくことは困難です。役所の精神保健福祉相談員や、障害者支援センター、主治医、可能であれば本人が信頼している家族や友人等と連携し、適切な治療につながるよう、根気よく付き合うことが求められます。CWとしてできることは利用者と信頼関係を築くことです。CWは生活保護制度上で、利用者の生活状況を把握することが業務内容として盛り込まれています。それを強みとして、「あなたの困っていることを知り、一緒に解決していきたい」というメッセージを利用者に伝えて、信頼関係を構築していきましょう。その関わりの中で得た情報を関係者と共有していくことで、適切な治療を展開していくことが可能となっていきます。

　病識がなく通院ができていない利用者には、生活保護を受けている必要性について一緒に考えてみるのも一つの手段です。過去に疾病の兆候、特徴が表れていることを相互に確認してから、治療が必要という流れで受診につなげていくこともあります。

　病識のある利用者には、症状が表れたときに、どう対処しているのかを尋ねてみましょう。その情報を共有しているだけでも、ずいぶんと支援がしやすくなりますし、利用者との信頼関係も深まります。「頓服をのんで横になる」「親しい友人に電話をする」等々の対応策のある人もいれば、「どうしていいかわか

らない」あるいは「大声を出して幻聴と喧嘩する」という人もいるでしょう。後
者の場合、よりよい対応策を共に考えることで、CWと利用者の関係は深まり
ます。

5　事　例

　統合失調症の利用者で、不安になると怒り口調になり、それが原因で周りと
トラブルを起こす人がいました。ある日、怒り口調でCWに電話をかけてきた
際に、私はしばらく傾聴した後、「ずいぶんイライラしているようですが、そ
んなときはいつもどうしていますか」と尋ねました。すると、「いつもは頓服を
のんで横になってテレビを見るが、今日はそれより先に電話をかけてしまいま
した」と落ち着きながら答えました。

　こちらが冷静に声掛けをすることで、不穏な状態の相手も冷静になることが
できますし、過去の記録ではいつもトラブルを起こす人のように思っていまし
たが、「頓服をのんで横になってテレビを見て」対処するときもあることを知る
機会にもなり、関係性を深めることができました。

【参考・引用文献】
・藤本豊・花澤佳代編(2004)『よくわかる精神保健福祉第2版』ミネルヴァ書房
・厚生労働省『知ることからはじめよう　みんなのメンタルヘルス』

6　課題別の支援のポイント

Q29 **【アルコール依存症の人への支援①】**
アルコール依存症と思われる人や診断されている人への関わり方がわかりません。一生治らない病気だと聞きましたが、どう向き合えばよいのでしょうか。

A29 支援者として、まずは依存症の仕組みの理解が必要です。確かに完全治癒はありませんが、酒に依存しない「回復」はあります。共に希望を持つ支援が重要な鍵となります。CWが同じ目標を共有できることで違いが大きく出てきます。

1　身体的にも精神的にも社会的にも問題を持つ死に至る病気

　アルコール依存症は身体的に、精神的に、社会的に、経済的に大きなダメージを受ける病気です。「依存しなかったらよい、好きで飲んでいるのだから自業自得」ではないです。単なる嗜好ではありません。気持ちの問題ではなく、やめれば済む話ということでもありません。飲酒をコントロールすることができない脳の状態になり、その影響を受けています。身体的にも精神的にも依存し、人を巻き込み、死に至る病気です。気合では治りませんし、飲酒量を減らしたからよいというレベルではないのがアルコール依存症です。

　しかし日本は飲酒に寛容な社会ですから、本人が問題に向き合う機会を逃し、周囲の人にも病気としての理解、問題意識を妨げます。本人は飲酒が起因した状況を軽視、無視して問題を否認します。他人からの問題指摘には当然耳を傾けません。脳が自然にアルコールを欲する方向へ向かおうとさせます。それは意思では抗えず、アルコール摂取を妨げるものを遠ざけ、脳が否認します。否認がこの病気の大きな特徴の一つです。

　当然、多飲により消化器系や循環器系のほか、あらゆるところに身体的な症状や疾患が現れます。気分変動、不眠、焦燥感、抑うつ状態など、精神的な症状、疾病を併発します。さらには対人関係障害、社会関係障害を起こす病気ですから、離婚や離職などを一例として、家族関係が崩壊し、社会から孤立することになります。問題はさらに深化し、経済的に困窮をしていきます。それでもまだ本人は「自分はアルコールに依存していない」と思っていることが多いの

103

です。否認です。

　まずはCWとして、以上のメカニズムを理解することが必要です。支援する前に、悩む前に、まず知識として理解することが最初のステップです。

2　生活保護現場で現れるアルコール問題の実態──まずCWが気づく

　生活保護の現場ではアルコール問題が多く隠れています。以前私が引き継ぎを受け、担当した地区でのことです。利用者の3割に何らかのアルコール関連の問題が見つかりました。しかし専門治療をしている人は一人もいませんでした。ソーシャルワークの一環としての調査といえますが、医療レセプト、要否意見書などからアルコールに関連する可能性がある疾患をピックアップし、利用者に生活状況などを中心として話を聴いたものを組み合わせた結果です。どの地区にも多くのアルコール問題を持つ人は隠れているのですが、本人もCWもなかなか気づけません。

　CWの問題発見までのプロセスとしては、研修などで身体的な病気との関連などの基礎知識を身につけていくことが有効です。それらの疾患との関連を知れば、全身の疾患につながる可能性の多様さに驚きます。医療機関が患者やスタッフ向けに行っている基礎講座などへの参加も有効です。私は当事者の会にも継続的に参加しています。回復者の実体験を聴くことで心から理解できるようになります。これらはいずれも一回行ったからすべてを覚えたという人はいませんので、依存症者と同じように繰り返し参加し、利用者を思い浮かべながら参加することが大事です。アルコール問題を理解するための知識が必要です。

3　支援の展開の実例

　現に身体、精神、社会的に問題が起きていますので、そこに言及する必要性はあります。つい法を振りかざして強制力を求めてしまうことも往々にしてあるかもしれません。だからといって生活保護法27条に基づく飲酒を止めるようにという指導指示は意味がありません。アルコール依存症は病気ですから治療に結びつける支援が必要です。指導指示で酒が絶てるならこんな楽なことはありません。アルコール依存症こそ、寄り添い型の支援が有効です。

　具体的な展開としては丁寧に面接を重ねることが基本です。今までの人生を共に振り返る作業をします。その中でアルコール問題と関連する人間関係障害を本人の言葉から浮かび上がらせます。生きていく上で心のすき間を埋めるも

のがアルコールだったことを共に認めます。その結果健康問題、生活問題が生じたわけで、今に至る状況へのつながりについて気づきを生むようにめざします。特に健康問題からのアプローチは、この段階で明らかになっている病状を手がかりにできるので、納得しやすいものです。

　しかし本人にとっては嫌なことに向き合わなければならないので、かなり苦労する作業です。向き合わないのが否認、回避としてアルコール依存症の行動の一つだからです。CWにはこのような展開をする自信が持てないと思いますので、そういう場合は助言を求められる専門家を探すことです。PSWや自助グループのスタッフなどです。アルコール問題の回復者からの声に耳を傾け、言葉を胸に刻んでください。アルコール依存症が回復する病だと信じることができるようになります。一緒に解決を図ろうとするCWの姿勢に支援方法がリンクする瞬間がきっと訪れるでしょう。

【参考文献】
・宋神経科クリニック「アルコール症テキストNo.1」
・キリンビール「お酒と健康ABC」
・柏木ハルコ（2017）『健康で文化的な最低限度の生活（5）』小学館

Q30 【アルコール依存症の人への支援②】
CWがアルコール問題に気づいた後に、具体的にどうすればよいのかわかりません。どのような支援の展開をするのかを教えてください。

A30 アルコール依存症は否認され、隠される病気なので、まず気づいたことが大事です。専門治療が必要な状態なので、まずは治療導入支援に専念します。場面ごとに注意するポイントがあります。

1 アルコール依存症に、気づいていない、認めていない場合

　面談の際にアルコール臭を気にしてマスクをされている方がいます。就労支援の中では、支援の時間に遅刻、無断欠席などが見られます。就職をしても離職を繰り返すことが多いです。住居内に大量の空き缶が見つかる、部屋がゴミ屋敷状態になっている、食生活が乱れていることは多く見られます。特に生活保護利用に至っている場合は生活面だけではなく、健康面に影響が出ています。まだ利用者は見えない壁を作っていますので、面談を重ね、まずは信頼関係を作ることです。具体的な課題とその支援方法について話し合えるような関係を作ることです。

2 アルコール依存症を認めている場合

　飲みたいと止めたいが拮抗し、心がちぎれるほどの葛藤の中にいます。どちらも本心です。すべては自身の気の弱さというアルコール依存症に伴う誤解をもとに悩んでいます。

　まずは患者として自分ではどうにもならないと認めることが重要ですので、気づいているのであれば、そこを必ず評価します。非難することなく、問題や葛藤を受容し、迅速に行動に移す支援として、専門治療に結びつけてください。CWの後押しが欲しい場面です。それは今困っていること、孤独への理解の有無が今後を左右するからです。アルコール依存症の治療は一人ではできません。治療の入り口はまずCWが寄り添い、最初の受診に付き添うことによって、医療機関とのつながりが柱となり、その後の展開がしやすくなると、PSWなど

106

からいわれています。

3　医療面から見るアプローチ

　健康面では転倒などによるケガ、肝臓以外にも食道、膵臓、胃腸などの消化器系の疾患、糖尿病、心疾患、脳血管疾患などもヒントになるポイントです。アルコールを大量に連続して飲めば、常にアルコールが体内に残留しているので、抜け切れません。そのため飲んでいなくても神経麻痺が起き、感情の起伏が激しくなり、コントロールが効かないのは、アルコール漬けになった脳の影響です。脳が飲酒欲求を起こし、感情を鈍磨させ、認知を歪ませます。

　医療要否意見書、レセプトなど、医療データなどが明らかになっていれば、ヒントがあります。内科医などの医療機関と相談し、問題に気づいたときから介入していきましょう。

　アルコール関連の疾患、ケガなどで入院した際に、救急の医師はアルコールの影響を知っています。そこにCWが結びつくことで、専門治療につながることがあります。院内の精神科医の協力を仰ぎ、診察の中で自助グループへの参加を促してもらうことや、より専門治療に結びつけるために転院することも依頼できます。

　どちらも医師にこれまでの経緯、生活面での課題を伝え、専門機関を紹介してもらうように依頼をすることも有効です。福祉事務所の支援がわかれば、医師も紹介状が書きやすいようです。医師から専門治療を勧めるということは有効です。医療と福祉の共通の目標を確認し、PSW、MSWとともに互いの役割分担を調整し、実行することがアルコール問題へのアプローチのカギです。

4　精神科通院の中での専門治療

　もし医療機関にかかっておらず、アルコール問題が疑われる場合は、まずは通院を促します。本人は否定をしていますが、「専門の医師が判断しますので、まずは行ってみましょう」と促します。「そこで問題ないというならば、それで次のことを考えましょう」と言って、CWは入口まで誘うようにします。医師からすればCWが紹介するくらい地域生活での問題が顕著ならば、依存症と判断されることが多いです。

　治療は専門プログラムを持つ医療機関であることが望ましいですが、地域によってはそういう医療機関がないこともあります。精神科、神経科、心療内科

ならばどこでもよいとは限りません。誤った治療をされる場合があります。アルコール依存症を診断でき、少なくとも酒を飲めなくなる抗酒剤を処方でき、自助グループへ紹介できるかどうかを確認して、医療機関につなぎましょう。断酒治療の三本柱は、「通院治療プログラム」、「抗酒剤服用」、「自助グループへの参加」といわれています。

5　生活保護の中での専門治療への導入

　生活保護が続いているから、お金があるので酒を飲むのだと、CW側も周囲から非難されることがあります。生活保護を受給するには理由が要ります。病気だから、仕事ができていないからという問題に対して、原因に向き合い、解決することがCWも利用者も求められます。利用者には生活保護法を理解してもらうべく、その人の人生や生活問題に沿った説明を具体的にし、ケースワークの手法で、問題を理解し、共有し、ゴールを共に求めることになります。アルコール依存症と診断され、専門治療につながっている人への支援は、つかず離れずが、基本です。専門治療を導入すればCWとしては一安心で、終了と思いがちですが、ここから様々な揺り戻しがあります。治療の内容や生活の変化などを聴くようにしてください。専門医療の中に身を置いていれば、集団での雰囲気の中での治療が、患者としての考え方や行動を変えてくれます。

　アルコール依存症の生活保護利用者に就労復帰が少ないといわれるのは、健康被害が大きく、そこまで身体的な条件を取り戻せない人が多いためです。「治療導入には底つき体験が必要だ」といわれた昔とは違い、今は早期発見、早期治療ができると回復が早いといわれています。死線をさまようようなラインではなく、それよりも前の早期発見、早期治療することが回復を確かなものにします。

　人として回復する姿を見ることは、CWの支援の中でも大きな喜びです。その支援ができれば、CWとしてかけがえのない経験となり、大きな自信につながります。

【参考文献】
・宋神経科クリニック「アルコール症テキストNo.1」
・キリンビール「お酒と健康ABC」
・柏木ハルコ（2017）『健康で文化的な最低限度の生活(5)』小学館

108

6　課題別の支援のポイント

Q31　【ひきこもり状態の人への支援】
社会的に問題になっているひきこもりの人への
支援の仕方がわかりません。どのようなアプロ
ーチをすればよいかわからず、困っています。

A31　ひきこもりの人へのアプローチは慎重に、結果を焦らずに
地道にアプローチをしてください。原因は様々ですので、
関与、支援の仕方は見きわめましょう。個人の尊厳を大事
にし、回復への希望を忘れずに関わりましょう。

　厚生労働省の定義では、「仕事や学校に行かず、かつ家族以外の人との交流
をほとんどせずに、6ヶ月以上続けて自宅にひきこもっている状態」を「ひきこ
もり」と呼んでいます。生活保護では単身者と家族の中の一人では対応が若干
違ってきます。

1　原因と対応は様々で、一色ではない

(1)「生活困窮」

　借金、失職、経済的な困窮は精神疾患などにもつながり心を蝕みます。生活
保護を適用することで改善される場合があります。それほど生活保護には力が
あります。借金からは逃げて、殻に閉じこもりたくなるのは当然です。法テラ
スへつなぐなど、解決できることを前提に伝えてください。

(2)「精神疾患」

　統合失調症、うつ病、社会不安障害、各種依存症などが潜む場合があります。
それぞれ症状が違いますので、困っているところに焦点を当て、専門医療へつ
なぎましょう。疾病によっては否認しますが、「生活保護法上、保護の理由が
いるので、受診してみませんか。問題なければそれでまた考えたらよいですか
ら」と促すことが有効な場合もあります。専門治療から社会参加などにつなが
ることがあります。

(3)「知的障害[1]」

　学習が追いつかず、不登校、ひきこもりになることがあります。軽度の人は
親も学校でもわかりにくいです。まずは児童相談所へつなぎます。ひきこもり

109

の原因が知的障害と判明し、特性に合った教育への変更（特別支援教育）で解消され、その後療育手帳を使って就職に至った利用者が何人もいました。

(4)「発達障害[2]」

障害特性への不適応、無理解、誤解からマイナスな体験が積み重なり、社会参加ができなくなる人がいます。診断されてない場合は医療機関、発達障害者地域支援センターに相談して、専門家から助言をもらうことも有効です。

(5)「パーソナリティ障害[3]」

その障害の専門治療自体は難しいですが、二次的に出現する精神疾患に焦点化し、生活問題に焦点化することが鍵です。

(6)「イジメなどの問題」

世帯の中の子どもの場合、保護者の話を聴き、受容します。まずは身を守ることが大事です。後方、側面から世帯をサポートすることが重要です。不登校であっても高校進学ができることを伝えたことによって、高校進学を果たし、そこから就職することができた例があります。過ごす場面の切り替えによる変化が期待できます。

(7)「家族関係の不調和」

本人の問題のみに焦点化しないことが重要です。しかし世帯では解決できないほど膠着していますので、精神科医師の意見を参考に本人の転居を支援し、世帯から引き離すことも有効です。また介護問題などから仕事を辞め、その後介護対象者の死亡により、貧困とひきこもりが明らかになった単身利用者が少なからずいます。社会から長く離れ、他の原因がある場合が多いので、慎重にアセスメントをしてください。

2　支援手法のポイントと流れ

慎重にアプローチし、生活保護ケースワーカーならではの機能である訪問、面接を活用し、ひきこもりの実態とその背景を理解することから始めます。傾聴、非審判的態度、受容、統制された情緒的関与といった、バイスティックの原則[4]を頭に置いておきましょう。

(1)「声をかける」

布団の中、ふすま越しでも構いません。どこの誰かを知らせます。拒否しているように見えても、気にしています。

(2)「会う」

まずは顔を合わせ、挨拶するところから。ひきこもりのことは当然気にしていますから、安心感を与える支持的な面接を心がけます。

(3)「希望を聴く」

関係が少し取れたら、何がしたいかを言えるようになることもあります。

(4)「通院を促す」

困っている場合は「原因を調べてみましょう」と誘うことも一考ですが、焦らずにいきましょう。単身者は保護の要件確認ということで何とか受診できることもあります。どうしても外来受診が無理ならば、嘱託医に様子を伝え、仮の診断と支援方法を聴取し、それをもとにした方針を立てたこともあります。

(5)「安心感のある関係を作る」

継続性は重要です。結果を焦らずに、無理をせず、介入のチャンスはいつ来るかわかりませんので、スタンバイしておきます。

(6)「専門支援につなぐ」

ケースワーカーのみの関係にしないことです。「ひきこもり地域支援センター」、「地域若者サポートステーション」などの専門機関につなぎましょう。

3 誤った手法

ひきこもりの人に対して、求職活動報告を理由にした定期的来所を求める場合が散見されます。外出促進のつもりでも、指示的に捉えられ、根本的な問題解決に至りません。シンプルに関係をつなぐための定期訪問・面接ではいかがでしょうか。そこから具体的な目標が見えてきます。

無理やり引き出し、指示的に、一気に結果を求めてしまうことは危険です。場合によっては、自死に至る可能性があります。指導指示書を発行しての廃止は解決ではありません。福祉事務所からのアプローチはどうすればよいか、一人で考えず、専門機関に相談しましょう。

【注】
1 Q26の「知的障害のある人への支援」を参照。
2 Q27の「発達障害が疑われる人への支援」を参照。
3 Q33には境界性パーソナリティ障害の利用者の支援を例示しましたが、回避性や依存性のパーソナリティ障害などの人にもひきこもりが多いようです。
4 Q11の「バイスティックの7原則」を参照。

Q32 **【自殺を考える人、希死念慮のある人への支援】**
自殺をいつも考えている人を担当しています。
話をどこまで聞けばよいのか、どのような対応
をしたらよいのかわかりません。気をつけるポ
イントを教えてください。

A32 死にたいという気持ちを打ち明けられると、CWとして動
揺したり不安に感じたり、もしくは無意識にそのような発
言をする人に批判的な思いを抱くこともあるかもしれませ
ん。しかし、そのようなCW自身の気持ちを自覚し、それ
を制御して、相談者への理解や共感に努めることが大切で
す。

　自殺大国といわれる我が国ですが、自殺者の多い背景には貧困の問題がある
ことを忘れてはなりません。離婚、借金、失業、人間関係、うつ病等の問題が
貧困につながります。私たちCWが関わる問題と同じです。生活保護利用者の
自殺率が、利用していない人と比べて高いのも貧困の問題を抱えていることが
原因の一つです。だからこそ生活保護を利用することにより、経済的な理由が
改善され、結果的には人命を救うことにつながっていることをCWとして自覚
したいと思います。

1　「気づく」

　定期的に利用者と会う機会があるCWこそ、自殺のサインに最初に気づくこ
とができる人物です。普段の様子と違うようであれば、無視をせずに、ゲート
キーパー[1]として、本人に寄り添いましょう。また、「死にたいと頻繁に言っ
ている人ほど自殺しない」というような俗説をよく耳にします。「死にたい」と
いう発言は本人からのSOSです。そのままにせずに、以下に説明する正しい
対応を取りましょう。

2　「傾聴」

　(1)なぜ死にたいのかを聞きます。「死にたい」という話を掘り下げたことで

自殺の危険性を増大させたという報告はありません。そこに理由が隠されています。

　(2)精神疾患の人の場合、「死にたい気持ちは病気の症状である」と教え、専門治療の必要性を伝え、医療機関への受診を促しましょう。なかなかためらう場面ですが、治療により希死念慮が軽減、解消していきます。

　(3)体調の話が出た場合、治療で改善する必要性を説明し、医療機関の受診を支援しましょう。生活保護の医療扶助が役立つところです。

　(4)借金が理由の場合、借金に対して後ろめたさがあり、なかなかCWに言い出せないことです。生活保護費の算定に借金は含まれませんので、その説明を聞いた利用者は「借金は生活保護とは関係ないから相談に乗れない」と言われたように聞こえてしまうことがあるようです。法テラスなど債務整理等の相談窓口があることを伝え、「解決できない借金はない」ことを強調して、そこにつながるよう支援をしましょう。

　(5)「あなたは大切な人」「いなくなったら悲しい」という言葉をかけ、可能であれば自殺しないことを約束しましょう。「孤立していることが多いので、CWとの約束はかなり有効だった」と、今は回復している自殺企図や念慮のあった数人の利用者から教えてもらいました。

　(6)決して、叱咤激励や説教はしてはいけません。「この人にはわかってもらえない」と、利用者がさらに追い込まれてしまいます。CWの気持ちはわかりますが、表現の仕方、方向が違います。

　(7)安易な励ましや、話を流したり、無視したりすることも、本人の自殺企図の問題に向かい合えていない対応なのでしてはいけません。

3　「つなぐ」

　(1)傾聴してから、相談窓口を教えることが大切です。支援機関を紹介するだけで終わってはいけません。

　(2)利用者の了解を得て、医師や家族・友人、関係機関へ情報提供します。CWが一人で抱え込むことが解決につながるわけではありません。

　(3)支援機関にその場で連絡をしましょう。「ここに連絡をしてください」の助言だけでは後でしないことも多いです。面接中であれば、その場で利用者本人から電話を入れてもらうか、利用者の了解を得てCWが連絡をしましょう。電話相談の場合はそれが無理ですので、紹介した後に、連絡したかどうかを後

で利用者から連絡をもらうように約束をしましょう。

(4) 自殺が切迫している場合は安全の確保、自殺手段の除去が先決です。素早く110番・119番通報をしましょう。それによって救われた命が多くあります。

4 「見守る」

(1) あなたのことが気になるというメッセージを伝えます。「その後はいかがですか」というような感じでしょうか。以下のことのような連絡を交わすことで、伝わっていくものもあります。

(2) 定期的に近況、体調、支援機関との相談状況等報告をもらいます。CWとの電話、来所、訪問の日時の約束を入れて、CW自身のスケジュールにも記載をしておきます。利用者の自主性に任せ過ぎると、CW自身が多忙な中、つい忘れてしまうこともありますので、その工夫は要ります。

(3) 「死にたい気持ちはありますか」と定期的に確認することも大切です。それを聞くから死にたくなることはないといわれています。素直に言いやすい雰囲気を醸成することも大事です。私の場合、「数字で表したら100点満点でいえば、今は何点くらいですか」と尋ねたりしました。気持ちを伝える中で、具体化したら本人にとっても下がっていることを客観視できます。

5 最後に

自殺を企図する人への対応者自身(＝CW)がつらくなってしまうこともあります。一人だけで自殺企図者のある人に対応することは不可能です。自身の限界を知り、所属する組織の職員、精神保健相談員や地域の専門職員に相談しながら、気負わずに対応しましょう。

【注】
1 「ゲートキーパー」とは、自殺の危険を示すサインに気づき、適切な対応(悩んでいる人に気づき、声をかけ、話を聞いて、必要な支援につなげ、見守る)を図ることができる人のことで、いわば「命の門番」とも位置づけられる人のことです(厚生労働省ホームページより)。

【参考文献】
・神戸市『生きる支援'のためのサポート手帳』

114

6 課題別の支援のポイント

Q33 【パーソナリティに障害のある人への支援】
パーソナリティ障害を持っていると思われる人
がいるのですが、対応がわかりません。どうし
たらよいでしょうか。

A33 パーソナリティ障害にも様々なタイプがあります。その特
性を知ることで対応が違います。精神科にかかっていれば
主治医にその人への言動などの対応について直接アドバイ
スをもらいましょう。

1 パーソナリティ障害とは

パーソナリティ障害は、大多数の人とは違う反応や行動をすることで本人が
苦しみ、周りが困っている人に診断される精神疾患です。認知（ものの捉え方
や考え方）や感情、衝動コントロール、対人関係といった広い範囲のパーソナ
リティ機能の偏りから障害（問題）が生じるものです。注意したいのは、「性格
が悪いこと」を意味するものではないということです。

生活保護の現場でも多くのパーソナリティに問題を抱えている可能性がある
人を見ます。話をしてくれない場合もありますが、その生活歴の中には生きづ
らさのもとになる要素が必ずあります。壮絶な虐待、イジメ、DV、厳しい家
庭環境など、よく生きのびてきたと思うほどの生活環境やトラウマ体験を持っ
ています。問題行動や言動ばかりに目を向けるとその真相、利用者が持つ問題
が見えなくなる場合があります。

周囲との認知や感情のズレから、うつ病や神経症、依存症などの精神疾患を
併発することがあるので、そこを場面によってはパーソナリティ障害と精神疾
患を分けて理解する必要があります。問題行動などが起きた場合、病気が言わ
せているのではなく、もとのパーソナリティが原因であると考えることで、そ
の特性に合わせて対応することができます。時に福祉事務所や地域生活で衝突
が起きますが、パーソナリティ障害の概念を知っていれば、誤解をせずに済む
ことがあります。

当然、パーソナリティ障害からの大きな否定的行動を引き起こす場合もあり
ますので、CWは言動には注意し、時には個人対応にならないことが大事です。

115

2　パーソナリティ障害のある利用者と信頼関係が構築できた事例

　もう20年近く前のことです。30代の単身男性の例です。この男性は境界性パーソナリティ障害を持つ人の心理、対応を教えてもらった「先生」です。元組員であり、覚せい剤、鎮痛剤などの薬物とアルコールへの依存があり、それに重篤な糖尿病を持ち、精神科と内科に通院していました。就労不可ではありますが、生活保護上も多くの問題を抱えていました。決して大声を出したりはしないのですが、不当要求すれすれのラインの要求をして、医療機関にも迷惑行為をしてきたようで、管内では受け入れ拒否の病院ばかりでした。場合によっては警察に相談してもよかったのではと思われる過去の記録もありました。過去のCWが対応に相当に困っていたようでした。

　最初から自分を大きく見せる行動、言動が目立ちます。今までのように自分だけ特別扱いをしてほしいという要求が多く見られます。信頼関係は作れそうにはないですし、その男性がまず人を信用するようにも見えません。当初、その男性から電話や来所で対応することが精神的に負担で、苦痛でした。休日のときでも顔を思い出してしまうほど、心に引っかかっていました。

　どの組織でも誰でもしてしまう可能性があることですが、リップサービスをしたり、本来できない特別扱いが見られる場合があります。残念ながら今までの対応は、逆に障害を持つ男性からすれば、境界、ボーダーラインそのものをわかりにくくさせていたのでしょう。そのような過去の経緯がありました。

　精神的なプレッシャーはかなり負担でしたが、その場しのぎの対応をせず、あえて逃げないことにしました。真っ向対立することを避けつつも、福祉事務所としてできること、できないことを白黒はっきりさせるようにしました。その男性が保護を受けるための権利と義務を、時には保護手帳を手に根拠を示して、対立姿勢ではなく、穏やかなトーンで、男性が納得できるまで説明をしました。監査があればCWのみならず、その男性も問題になることを説明したこともありました。3時間以上に及ぶ面談もありました。

　徐々にそこを理解した男性は、互いに対立関係、緊張関係を作らないようになってきました。対立しても意味がないことがわかり、これ以上刑を重ねたくない、虚勢を張ることは意味がないと思うようになったようでした。言い換えれば「福祉事務の使い方」を理解したのです。

　境界性パーソナリティ障害ゆえに自他の境がわからず、他人から受け入れられない自分をもてあまし、自分にとって損か得か、敵か味方かという両極のみ

で考えていましたので、少しずつCWとの距離がわかるようになったと言っていました。その後も入院先でのトラブル、依存の治療、自殺に近い交通事故など、次々舞い込む問題に私自身も巻き込まれ、奔走しました。一つひとつの問題を整理し、福祉事務所ができること、男性がすべきことを明らかにしました。医師やPSWなど、専門家からもらった男性への応対の助言も有効でした。CW一人ではないということが重要でした。

　やがて彼の眼から棘が取れてきました。父親からの虐待、母の自死の第一発見者だったこと、親族をたらいまわしにされた生活など、少しずつ過去の事柄と内面の話をするようになりました。私の方からも今までの対応の是非を聴き、そして男性と同じような問題や障害のある人への対応を具体的に教えてもらいました。

　出会ってから2年半後の秋、自宅で急性心不全のために亡くなりました。32歳。悲しみの多い、早すぎた人生でしたが、私に患者から学ぶことを教えてくれた一人です。

【参考文献】
・岡田尊司(2004)『パーソナリティ障害──いかに接し、どう克服するか』PHP研究所

Q34 【若者への支援】
若者からの保護申請があると、その気になれば
就職はすぐに決まるのに、努力次第ではないか
と思ってしまいます。

A34 表面上、仕事ができそうな雰囲気を持っていても、今の貧
困に至るまでの間に貧困の元となる根っこがあります。そ
れは大概隠れています。それが本当のターゲットです。そ
れを探し、ひも解いてみましょう。本当の核となる問題へ
の理解をできるようになると、利用者への違和感は取れ、
困窮への理解が生まれます。努力では凌駕できない問題が
あります。

1 事例

　大学を出て、仕事に就きましたが、そこがブラック企業で、毎日残業を強い
られ、精神的にうつ状態になってしまい、離職した20代の男性が、「家賃も、
奨学金の返済も滞っている。このままではアパートを追い出される。小さいこ
ろ、虐待を受けたことがあり、家族には頼れない。わずかな貯金も底をついて
きた」と相談に来ました。

　現在若者が置かれている厳しい環境や生きづらさが重なった典型的な事例で
す。まずは、経済状態を確認し、要保護状態であれば生活保護を適用する必要
がありました。それによって、家賃を支給して現アパートに住み続けられるよ
うにし、医療扶助を使って、精神科を受診してもらい必要な治療ができるよう
に支援しました。また、奨学金の返済については猶予等の措置をとるようにし、
利用者の焦燥感が緩和されました。その後に、健康状態の回復等を待って、就
労支援等へ移行し、就労ができるようになりました。

2 若者は「弱者」？──若者の現状と支援

　一昔、二昔くらい前までは、若者というと、健康であれば、仕事が見つかる
はずだし、仕事にありつけば、自分の生活くらいは何とかなるはずであるとみ
なされ、社会保障の対象とはなっていませんでした。

　ところが、若者をめぐる環境は激変しています。不登校など学校から排除さ

118

6　課題別の支援のポイント

れそのままひきこもり状態となった若者たち。就職しても、そこが非正規であったり、場合によっては設問のようにブラック企業であったりすると「半失業－失業－無業」を行ったり来たりせざるを得なくなり、精神的にまいってしまう若者たち。家庭内での虐待や発達障害など個人的な努力では乗り越えがたい特有の困難に見舞われた若者たちなどが増加しています。一見明るく元気そうに見えても、若者たちは、このような環境の影響を多かれ少なかれ受けていると考えるべきでしょう。また、このような若者たちは、親との関係もうまくいっておらず、多くの場合孤立しています。他方で、前述のように、これまでの日本の福祉制度は若者への対応が不十分であったため、従来型の支援枠組みには当てはめづらい性質を持っているといってもよいと思われます（南出）。

3　若者支援の方法

　生活を丸ごと支える生活保護制度は、若者支援にとっても有効かつ強力な制度です。生活保護制度によって、生活、住宅、医療などを保障しましょう。その上で、その若者の課題について、きちんと見極める必要があります（アセスメント）。1で述べたように、若者の生活困窮状態の原因は多様であり、重複してもいます。そして課題が明確になれば、本Q&Aの課題別の支援方法（精神疾患、ひきこもり、発達障害、就労支援等）で支援が可能となります。

　このような若者の生きづらさへの支援は、様々な支援策への結びつけですし、若者たちの居場所の提供も重要です。相談先としては、「地域若者サポートステーション」（サポステ）が全国にあります。ぜひ相談してみてください。

4　互いの理解のための偏見からの解放

　若い人の利用者が若いCWを嫌がる場合があります。その理由を尋ねると、「勝ち組、負け組」が如実に出てしまい、「CWはどうせエリートだから理解してもらえない」と思い込んでしまうようです。若いCWの方にも、「努力をして公務員になったから、努力をするのは当然」という面が自然に出やすくなっているのかもしれません。

　互いの誤解を解くためには、正しい理解が必要です。CWは一方的な目線で若い利用者を見ず、今の状態に共感を寄せ、理解することが大事です。若者にとって、福祉事務所でどこまで話をすればよいのかわからず、それは人に触れられたくないことかもしれません。また表現しづらいことかもしれません。互

119

いに理解がしにくくなります。貧困は年齢を問わず、様々な世代に広がっているのが現代の特徴です。CWにとって偏見からの解放は必要な要素です。

【参考文献】
・宮本みち子編著（2015）『すべての若者が生きられる未来を——家族・教育・仕事からの排除に抗して』岩波書店
・南出吉祥（2015）「若者支援政策の変遷とその課題」『総合社会福祉研究第45号』総合社会福祉研究所
・柏木ハルコ（2016）『健康で文化的な最低限度の生活（3）（4）』小学館

7 就労支援ソーシャルワーク

　つい不就労、無職といった、今そこにある問題のみに目を向けがちなのが就労支援の課題だといわれています。就労の意義を一方的にならずに、相互の意見交換のように話し合うことで趣が変わることがあります。そこで隠されていた問題が露呈することはよくあることです。問題の背景にあるものに目を向けることが必要です。誰しも一気にプロになれないように、就労支援も段階的なステップアップが必要です。また利用者の前向きな失敗は責めず、失敗しても次につなげる気持ちの持ち方をエンパワメントすることがケースワークです。就労支援員との連携は丸投げとなっては成果が出てきにくいものです。あらゆるところに糸口を持つCWの全体性こそが、就労支援の鍵となります。

Q35　【就労支援と就労指導】
就労を考える際、現場では「就労支援」「就労指導」の両方の言葉を聞きます。この二つの違い、使い分けはどう考えればよいですか？

A35　一般に「支援」とは信頼関係に基づくケースワークによる援助を言い、法27条の2を根拠にしています。「指導」とは、信頼関係が崩れた下で、不利益処分を背景にして行うもので法27条を根拠にしています。

1　「支援」と「指導」

　「支援」は「他人を支え助けること。援助。後援」と理解されています。一方、「指導」は「ある意図された方向に教え導くこと」とあり、例えば「教育的指導」「指導教員」等のように、特定の方向に向かうよう一定の強制力を伴う働きかけという趣旨です。

　また「支援」は上下なく同じ位置に立ち、目線を同じくしていく、利用者を中

121

心とした概念といえます。これに対して「指導」は指導する側が上、指導される側が下の立場になる、指導者としてのCW中心の概念といえます。

『生活保護手帳　別冊問答集』によれば、CWは「要保護者の立場や心情をよく理解し、懇切、丁寧に対応し、積極的にその良き相談相手となるよう心がけなければならない」とされています。つまり、CWに求められていることはまさに「支援」の定義に当てはまることだといえます。けっしてCWの側が考える方向に一方的に利用者本人を諭して導いていくことではありません。「指導」は、ある意味「行政のためのもの」ともいえるかもしれません。

場合によってある程度強制力を伴った形が必要になることも考えられますが、指導指示違反を理由に不利益処分をするには法的には正当な理由が必要ですし（法56条）、医学的にも合理性があり、第三者から見ても妥当性が認められ、行政側に見落とし等がないことが前提になりますので、安易に指導指示を行うことはできないと考えられます。

2　「支援」を基本スタンスに

上述のとおり、現場においては常に「支援」を念頭に日々の業務に臨む必要があります。利用者のこれまでの成育歴や職歴、希望、現在の稼働能力を丁寧にアセスメント（確認）します。それらを知ることで、支えるに当たってのポイントや、利用していく社会資源を見通すことができるようになるかもしれません。文字どおり「支え」、就労に向かって援助していくことは「支援」であるといえます。

「支援」は、常に利用者の状態を把握しながら、希望を聴き、これまでの経過などを、時間をかけて把握していきます。一見するととても手間のかかるプロセスですが、本来「支援」は時間がかかるものです。コツコツと地道に、スモールステップを積み重ねていくことが基本であり、最も大事なことです。当然、保護開始直後の早期支援が適する利用者もいます。それはアセスメントにより、そのような支援が適する人だということを見極めた上で支援に臨まなくてはなりません。間違っても、すべての就労支援において、早期支援が望ましいというわけではないことに留意が必要です。就労にブランクがある人や、成育歴で複雑な環境で育ってきていたり、回復に時間のかかる傷病を抱えている人もいます。早期支援に目が行き過ぎると、そのような時間をかけて丁寧な対応をする必要性を見過ごしてしまうことになりますので、注意が必要です。

3 就労は、ただ経済的自立を目的とするためのものではない

　働くということは、もちろん収入を得て経済的に自立するための主要な方法の一つです。しかし、ただ収入を得る以外にやりがい、充実感、達成感、そして、自分を肯定する自己肯定感や、自分が社会に役に立っているという自己有用感といったものを感じられるからこそ、仕事をするのではないでしょうか。そして、実際の就労支援にあたっても、それらのことを視野に入れて考えなければ、何のために働くのかといったことの趣旨を見失ってしまいます。

　就労支援は、働くことそのものがゴールになるわけではありません。就労は人生をより豊かに生きていくための手段の一つであり、働くことを通してその人に合った形での就労自立、日常生活自立、社会生活自立を実現していくことです。例えば就労をとおして就労収入を得て自己肯定感や満足感を得られるのはもちろん、日々の生活にリズムができたのなら、それは十分に日常生活自立につながりますし、就労がきっかけで生まれた縁から地域の活動に出ることがあれば、それはまさに社会生活自立につながるものです。このことを念頭に置き、柔軟に就労支援を行っていきましょう。

Q36 【一見、就労意欲のない人への支援】
稼働年齢層に当たるため病状聴取をし、その結果、就労可能であったため、就労指導をしているのですが、まったく意欲がなく困っています。

A36 意欲のない原因は何かを考える必要があります。障害の疑いがあったり、過去の就労経験からすると困難な職種であったりすることはないでしょうか。本人の考える就労イメージを理解する必要があります。

　意欲がないと見える原因が何かを考えるには、本人のことを理解する必要があります。では、どのように理解していけばよいのか事例を見ていきます。

1 【事例1】軽作業可と判断されていが、実は知的障害があったケース

　30代の女性です。稼働能力は軽作業可と判断されていました。20代の頃は短期間就労を繰り返していましたが、30代になってからは仕事が決まらない状態が続いており、これまでの退職理由は、上手くコミュニケーションが取れず、仕事でミスをするためでした。退職理由や面談対応の中で、会話が噛み合わず、物事に対してこだわりがあることから、知的障害の可能性があると判断しました。最終的に療育手帳を取得し、障害に理解のある企業へ就職できました。

　この女性は、単に就労意欲がないと判断せず、面談を重ね、退職理由等をアセスメントしたことで、今まで気づかれていなかった要因が把握できました。なお、この女性の場合、知的障害の可能性を感じ、生活歴を再度確認したところ、小学生の頃に発達検査を受けたことがあり、自身でも何かあるのではと感じていたようでした。それでも、周囲の目が気になり、手帳取得を躊躇することもありましたが、CWからは助言するに留め、本人の意思に委ねました。障害の受容は、ナイーブな問題で、支援の拒否等につながる可能性もありますので、慎重な対応が必要です。

2 【事例2】生活リズムに合った勤務形態により就労に至ったケース

　30代の男性で専門学校卒業後、新聞配達の仕事を15年続けてきましたが、

販売店の閉鎖により、失職し生活保護を利用開始しました。就労阻害要因も見当たらなかったため、就労指導を行っていましたが、面接に遅刻することも多く、就職に結びつきませんでした。就労意欲がないと判断し、就労支援員につないだところ、すぐに夜勤の契約社員として就職が決まりました。

　生活歴から深夜業務の方が長年の生活リズムに合っていたのですが、本人の生活に対するアセスメントが不十分であったため就職に結びつきませんでした。就労支援員は、本人の就労条件を確認し、遅刻の原因等を分析し、適した求人を紹介することで就職に結びつけました。

3　就労阻害要因

　本人のことを理解していくと、就労阻害要因が見えてきます。就労阻害要因は、障害や疾病等の機能的な要因と、家族状況や求人状況等の環境的な要因に大別できます。

　機能的な要因は、医師の意見書や障害者手帳の有無等によって確認すると思いますが、その時点で客観的に確認できる要因でしかないという点に留意が必要です。事例1のように、関わりを持った時点では手帳を持っていない場合等、書類で確認できる状態と実際の本人の状態とにギャップがある場合があり、CW自身が面談等を通して実際にどのような状態にあるのかをアセスメントする必要があります。

　環境的な要因は、家族の介護や求人の有無等、ある程度客観的に判断できる場合もありますが、利用者の生活歴や職歴等を確認し、把握する必要があります。事例2のように利用者の生活歴から深夜業務の方が向いている場合でも、CWがそこに気づいていなければ、適切な求人に結びつきません。環境的な要因は、利用者の努力のみでは解決しないことが多いため、ハローワークや就労支援員等の関係機関と連携しながら解決していく必要があります。

　就労支援は、資料等で確認できる事実だけで判断し、画一的に進めるものではありません。CWが利用者としっかりと面談し、状況を把握し、理解していくことが就労支援においては重要です。就労支援はどれだけ利用者に向き合っているかが問われるものだと思います。

Q37 【仕事が続かない若い人への支援】
なかなか仕事が続かない若い人がいます。やる気がないように思えるのですが、どのように指導していくべきか悩んでいます。

A37 指導しようと悩んでしまうことはありますね。では、本人は、仕事が続かないことで悩んでいるのでしょうか。悩んでいるなら、どうして続かないのか、本人の悩みにじっくり付き合ってみてはいかがでしょう。本人にとって一緒に悩んでくれる人がいるということは、きっと励みになると思います。どう指導しようか悩むより、仕事が続かない要因になっている本人の悩みに寄り添いましょう。

1　仕事が続かない要因について

　仕事が続かないのには、様々な要因が考えられます。もう少し詳しく聴いてみましょう。職場の人間関係を理由にされる方もおられるでしょう。上司に叱責されたり、同僚に嫌なことを言われたりという具体的なエピソードが聴けるかもしれません。

　例えば、上司や同僚に嫌なことを言われる場面は、よく聴いてみると、仕事上の不手際や失敗が関係していることもあります。新しい仕事がなかなか覚えられない、手先が不器用、挨拶や言葉づかいが職場では適切でないなどが原因している場合、知的障害や発達障害が隠れている可能性も考えられます。普段の会話のやり取りや態度、これまでの成育歴、家族からの聴き取りなど、様々な情報を考え併せて対策を考えてみてはいかがでしょう。もちろん、単なる経験不足の可能性もあります。

　CWは、職場での出来事は本人から聴く情報しか得られず、客観的な判断がしにくいことも多いと思います。就労支援員や就労意欲喚起事業のキャリアカウンセラーなど、本人の話だけではわからない詳しい情報のやり取りを行う立場の方の協力を得るなどして、考えうる主要な原因を探して今後の対策に生かすこともできるのではないでしょうか。

　最近は、成人してから仕事がうまくいかないことから、知的障害や発達障害

126

の診断を受ける方も増えています。障害認定を受けることにより、就労前訓練、職場におけるジョブコーチや就労定着のための支援を受けられることもあります。障害認定を否定的にとらえず、困りごとの解決の手助けをしてもらえる制度と受け止めてもらえるよう、本人に対しわかりやすく説明することもCWの大事な役割だと思います。

　職場の側の原因である場合もあり得ます。学歴や資格がないと労働環境の良い職場への就職は難しい現実もあります。ブラック企業での若者の働かせられ方については、社会問題にもなっています。我慢の限界という場合もあります。本人に対し、決して責めないという態度を見せないと本当のところは話してもらえないものです。利用者の就労の義務は、サービス残業やパワーハラスメントを容認してまで求めるものではありません。そこは、法に基づく指導の範囲をCWとしてしっかり把握し、本人にも説明しておく必要があります。

2　仕事をしたくない人はいない

　本人に仕事をやる気がないのではないかと思うこともあるのでしょうか。私は、どんな人にもやりがいのある仕事が与えられる社会であってほしいと思っています。これまでそのような仕事に巡り合えず、仕事の喜びを知る機会がなかった人はいるように思います。そのため、今はやる気が出せない人もいると思います。そんな人には、やる気が出るような支援をめざしてみたいものです。

　なかなか就職活動ができない若い人がいました。日常生活は普通にできているため、仕事ができない理由はないと判断され集中的な就労指導の対象になって、とうとう指導指示違反により世帯員からはずされてしまいました。その後はお金がないため外出もままならず、生活リズムも整わない状況が続いていましたが、担当したCWが本人の気持ちに寄り添って、今後どうしていきたいと思っているのか、少しずつ聴きだす中で、就職活動はできないが仕事はしてみたいと思っていることがわかりました。そこで、世帯分離を解除し、生活を保障するとともに、活用できる就労支援策につなげるようにしました。就労意欲喚起事業の支援員と協力して、理解のある会社にボランティアで働く場を見つけたところ、とても真面目に仕事をすることができました。働く場があって初めて、働く意欲があるということが周りにもわかるようになったのです。その後、真面目な仕事ぶりが評価され、同じ職場で就職することができました。仕事を続けるには、職場の支えも必要です。そして仕事への意欲は、適切な就労

の場が与えられることによって引き出されるものだと感じさせられた事例です。

3　就労指導について

　生活保護の就労指導においては、就労意欲というのは重要なポイントになっています。意欲の足りない人には、口頭指導、文書指導といった指導の手段も設けられています。

　私の経験上、そのような指導の積み重ねで就労意欲が増大する人は見たことがありません。指導の結果、求職活動の量が増える人はもちろんいますし、その結果就労を開始する人もいます。就労指導にはそれに従わなかった場合の不利益処分がセットになっているからです。

　私はCWとしてめざすべきものは、本人が自発的に仕事に対する意欲を持って自立に向かっていくようになることだと思っています。CWが指導によって利用者を変えようとするより、利用者にCWの支援に協力していただくようにお願いする方がお互いの関係はうまくいくものです。CWに叱咤激励されて奮起できるのはよっぽど気持ちの強い一部の人だと思います。それよりも、自分を信じてくれて、一緒に悩みに付き合って、一緒に考えたり行動したりして応援してくれる人に心を開いて協力してくれるものではないでしょうか。そのような就労支援を行った結果、やりがいの持てる仕事につくことができたときには、CWと利用者が一緒に喜びあうことができるのです。そんな経験をぜひ味わってほしいと思います。

【参考文献】
・池谷秀登編著(2013)『生活保護と就労支援』山吹書店

7　就労支援ソーシャルワーク

Q38 【子どもがいる世帯への就労支援】
子どものいる世帯の就労支援に困っています。子どもの育児が忙しいと言われてしまうとどのように就労支援してよいかわかりません。何か良い就労支援の方法はありませんか？

A38 利用者に対し、単に「仕事をしましょう」と促すのではなく、今の生活における不安なことに耳を傾け、生活の苦労について共有し、受容しましょう。さらに子どもの成長とともに、どのような生活や仕事をしていきたいかを聴いてみましょう。その上で、不安の解消や希望する生活を送るためにどのような支援ができるのかを一緒に考えていきましょう。

　利用者の抱えている不安が解消され、生活に対して前向きになることができれば、5年後、10年後の姿を思い描くこともできるようになり（「先での一致」）、その姿に向けた就労の必要性を意識することができれば、就労に対する考え方が変わってきます。

　まずはじっくりと利用者の声に耳を傾けることから始めてみましょう。

1　子どものいる世帯の親が就労する意義

　子どもを養育していく上で、就労について心身ともに問題のないように見える利用者が、一日部屋で過ごしているということは養育環境としては適切ではないと考えがちですが、CWがそのことだけで利用者を否定することは妥当ではありません。

　利用者は何らかの就労できない理由を抱えている可能性もあり、まずはその理由を傾聴し、受容した上で、寄り添った支援を考えていきましょう。

　また、生活保護を利用することで、最低限度の生活が保障されますが、就労収入を得ると、それまで受給していた保護費が減額されることで、生活費全体も減額されるように思えてしまうことから、就労に対する意欲の低下を招いてしまうことがあります。しかし、就労収入は必要経費や基礎控除等の控除によ

129

って、利用者自身にメリットが大きいことをわかりやすく説明し（基礎控除によって手元に残るお金が増えること）、理解してもらうことで、まずは就労への意欲の向上を図っていきましょう。

さらに、親は子どもにとって将来像のモデルであり、子どもに対して「働く」姿を見せることで、子どもは将来的に「働く」モデルをイメージできることになります。

2　親の就労できる条件を整える

(1)　「未就学の子どものいる世帯の就労支援」

自治体によっては待機児童等の関係で、保育園への入園が困難な場合があるとは思いますが、求職活動を理由に保育園を利用できる可能性があるため、利用者と相談をした上で、保育園を担当する部署と保育園の利用に向けた相談を促しましょう。

また、保育園を利用することで、子どもは社会性を身につける機会になりますし、親としても育児から離れ、自分自身の時間を有意義に作ることができることを説明することも効果的な助言です。

(2)　「就学児童（小～中学生）がいる世帯の就労支援」

小学校3～4年生までは、学童保育があるところでは、活用しましょう。また、小学校高学年から中学校にかけては、児童館での様々な放課後の活動や、クラブ活動などが考えられます。さらに、最近では子どもの学力向上や居場所のための学習支援事業や、子どもの食の保障のための子ども食堂なども広がっています。子どもの学力保障と健全育成を進めながら、親の就労支援も考えていきましょう。

この時期の養育、就学などは親としても悩みが多いので、そこにも関心を寄せ、状況を聴いてください。場合によっては専門機関につなぐ支援もあるでしょう。親にとって安心感につながる支援を実行してください。またCWは親とも先生とも違う大人です。実際に訪問などを利用して子どもに会い、親にも子にも安心感、希望を与える情報を提供することも重要な役割になります。

(3)　「高校生がいる世帯の就労支援」

高校に就学した場合には、高校等就学費が支給されます。また私学の場合に

は、学費について自治体が助成しているところもあります。このような支援策を活用して子どもの未来をしっかり保障しながら、親の就労のことも考えていきます。また、クラブ活動費や塾代等のために、子どもがアルバイトを始めることも考えられます。この場合、子どもに収入申告の必要性や控除面でのメリットを説明すること、また大学進学のための貯金も認められることを伝えましょう。

　ただし、高校生の本分は勉強ですので、そこが疎かにならないように気を配り、CWの側も勉強第一という姿勢は忘れずにいましょう。子どもが高校を中退することがないよう、通学状況を適宜確認するとともに、子どもの将来の自立に向け、卒業後の進路や就職について希望を聴き、進路が実現できるような支援が、自立支援になります。

　親としても進路は非常に悩ましい事柄です。その悩みを希望に変えるためには、年に1回以上は高校生にも会い、親とともに考えていく姿勢が後になって効果を現してきます。

3　母子・父子世帯への就労支援

　就労支援の前に、安定した育児環境の整備が必要となるため、子どもの年齢に応じた子育て支援施策の情報提供を行い、子育てに対する負担や不安の軽減にまず努めてください。また、保護者の就労によって子どもが家庭内で孤立することがないよう、就労時間や就労場所について、家庭環境に配慮した就労支援を心がけていきましょう。

Q39 【病気、障害と就労支援】
疾病や障害を抱えた人の就労支援はどのように
考えればよいですか？

A39 働くことは、賃金を得るだけではなく、社会的な居場所に
なり、役割を担うことでもあり、自己実現の一つの方法で
す。経済的な自立だけを求めず、多様な働き方を認め、そ
の人にとって就労がどのような意味を持つのかを考えるこ
とが大切です。

1 「3つの自立」を目標に、十分な配慮を

　生活保護制度においては最低生活の保障と自立の助長がその目的になってい
ます。「生活保護制度の在り方に関する専門委員会報告書」では自立のあり方を
「就労による経済的自立のための支援（就労自立支援）のみならず、それぞれの
被保護者の能力やその抱える問題等に応じ、身体や精神の健康を回復・維持し、
自分で自分の健康・生活管理を行うなど日常生活において自立した生活を送る
ための支援（日常生活自立支援）や、社会的なつながりを回復・維持するなど社
会生活における自立の支援（社会生活自立支援）をも含むものである」としてい
ます（Q6）。特に障害や疾病を抱えながらの就労支援には特段の配慮が必要で
す。

2 【事例】専門医療機関を紹介し、信頼関係を構築し、就労支援も前進

　多発性硬化症に罹患しているＡさん（50代後半）は、全身筋力の低下と排尿
障害を抱えながらも、非正規雇用の仕事でなんとか生活をしてきました。しか
し、仕事中の事故が原因で離職したことで生活保護の利用を開始しました。Ａ
さんは若い頃に多発性硬化症と一度診断され、寛解と増悪を繰り返していたも
のの、10年前くらいから医療費の支払いができず受診は中断していました。
また、両上肢に痺れがあり排尿障害もあったため日中はおむつをしていました。
「多発性硬化症は治療方法のない難病ですから」と半ばあきらめたような発言も
見られました。保護開始後まずCWはＡさんに寄り添いながら難病によるこれ
までの生活のしづらさや苦しみを積極的に受容しましたが、これまで社会から

132

見捨てられてきたという思いが強かったＡさんとはなかなか信頼関係の構築には至りませんでした。

　まずは、医療的に支援が必要と考え、難病に対する専門機関への受診受療に取り組むなか、両上肢の痺れの訴えについては脊椎疾患による可能性が高いため、整形外科を受診したところ手術で改善されることがわかり、手術を行いました。他に身寄りがなかったため、入院中にＣＷが何度も病院を訪問し本人を励ますことで、これまでカウンター越しの面談だけでは難しかった信頼関係を構築することができました。また、難病についても保健所と連携し専門医を受診することで定期的な受診につながりました。術後の経過は良好で痺れは改善され、また、治療方法はないものの、専門医に通院することで自分自身病気を正しく理解し、障害の受容も進みました。身体的な状況が落ち着いてきた頃、Ａさんの口からも就労に向けた話が出だしました。しかし、排尿障害があったため、なかなか適した就職先がありませんでしたが、医療機関の送迎の仕事が決まりました。短時間で休憩があり、排尿コントロールに適していました。給与的には保護から脱却できるレベルではありませんでしたが、保護を利用しながら就労を続けることになりました。

3　環境を整え、スモールステップ（一歩一歩）、寄り添う支援を

　この事例のように、障害や疾患がベースにある場合は、まず適切な治療を始めることが大切です。本人の受容が進みそうであれば、診断や手帳の取得を行うことで様々なサービス利用やその領域の専門職との連携が可能になります。また、いきなり一般就労へ向けた就労支援を開始するのではなく、段階的に日常生活自立→社会的自立→就労支援とスモールステップで支援を進めていくことが必要です。時には失敗をして後戻りすることもありますが、ＣＷは支持的に支援を行いましょう。そのプロセスにＣＷが寄り添うことで利用者との信頼関係が高まり、勇気や安心感を与えることができます。

　生活保護の利用者は一時的にせよ、本来備わっている問題解決能力が貧困状態という環境により低下していることがあります。裏返せば、環境を整えることでその能力を発揮することができるということです。また、障害や病気を抱えていてもその人の強みはあるはずです。ＣＷはその強みに着目し、それらを発揮できる環境を作っていくことが大切です。

8　生活保護制度の強みを活かしたケースワーク

　生活保護ケースワークの特徴は経済給付、現物給付を使ってできる支援であることです。それらを有効に使うケースワークがあることを、現場でもなかなか認識されていませんが、制度利用に支援の視点を組み込むことは実は自然に実践されている面でもあります。例えば転居を敷金支給とともに意味のあるものにするかどうかは、ケースワークの視点の有無により大きく違ってきます。

　そのためには経済給付を正しく理解することは必須です。加算、一時扶助、収入認定除外、各種控除、特別基準などは世帯の自立助長につながるものです。経済給付、現物給付を知っているからこそできる支援があります。そこに生活保護ケースワークが存在する意義があります。

Q40 【扶養照会とケースワーク】
扶養照会を頑なに拒否しています。実施要領上は調査が必要ですが、理解してもらえません。今後の信頼関係にも影響しそうで、どうしたらよいかわかりません。

A40　調査の意義をCWが理解し、利用者からは過去からの経緯、現状を丁寧に聴取し、拒否する理由、その背景にある問題を聴きましょう。双方に誤解が含まれていることもあります。扶養義務の履行は保護の「要件」ではなく、「優先する」という扱いですので、保護開始のときの条件ではありません。機械的な調査が自立を遠ざける結果になることもあります。自立支援のための扶養を検討しましょう。

1　扶養は要件ではなく優先ということを理解[1]

　扶養に関する最も危険な誤解が二つあります。扶養照会を保護の要件とCWは誤解しがちです。扶養「義務」という言葉のイメージや世間の生活保護バッシ

ングなども影響しているようです。扶養義務者から扶養を受けるためには、扶養義務者に扶養の能力と扶養する意思があることが前提条件です。本人の努力のみでは活用できないことがポイントです。

もう一点が扶養調査の範囲とその程度です。生活保護法では「民法の規定にある扶養義務者の扶養を優先して行う」とあり、生活保護手帳にも絶対的扶養義務者が先に記載されています。「絶対的に扶養しなければならない」と誤解しているCWも多いようです。別冊問答集では、明治時代からある民法上の規定ではなく、「生活保持義務」（夫婦相互間と未成熟子に対する親の義務。自分の最低生活費を超える収入は援助すべきとされる強い義務）と「生活扶助義務」（生活保持義務関係以外の扶養義務。扶養義務者がその人の社会的にふさわしい生活を成り立たせた上で、なお経済的に余裕がある限度で援助すれば足りる弱い義務）で見ることが目安とされています。その二つの義務の関係を把握してください。

2　自立支援に結びつく扶養調査の進め方

過去の経過から孤立しがちな利用者にとって、多少なりとも親族からの精神的な支えや交流があれば心強いことになります。しかし、親族関係は、DVなど過去の経過やデリケートな問題を含むことから「努めて当事者間における話合いによって解決し、円満裡に履行させること」（次官通知）とされています。その具体化として、DV加害者への直接の扶養照会、扶養が期待できない親族への扶養請求も不要となっています。

CWが扶養照会を強調してしまうことで、扶養照会自体が世帯の自立を損ない、関係悪化を招くこともあります。CWが恣意的な価値観をもとに、過度な扶養を求め、逆に親子関係や親族関係を壊すことにつながった事例も聞きます。無理な調査によりDV、虐待などで世帯の安全に支障が出る場合もあります。調査自体が自立を遠ざけ、損なうことにつながる危険性があることを心しておきましょう。調べないと関係が悪いかどうかが把握できないという話を聞くことがあります。それこそ、その理屈の危険性を把握できていないことから出てくるものです。聴き取りや説明を重ねた上で扶養照会するかどうかは総合的に判断することになります[2]。

扶養照会があまりにもトラブルが多く、非効率で実効性が薄いため、厚生労働省は「重点的扶養能力調査対象者」として2005年から整理しました。機械的な調査は逆に家族関係を悪化させることがありますので、むしろマイナスとな

ります。CWが親族と協働できる建設的な関係への構築のためには、丁寧に親族関係を聴き、扶養は金銭的な援助だけに限らないことを、利用者にも扶養義務者にも伝えられるようにしましょう。

　扶養照会を文書で送付するだけが方法ではありません。利用者を通じて、CWが交代したこと、何かあれば電話をもらえるようにと伝えてもらうことも双方の安心感を生みます。面談することで互いに役割分担の確認ができるようにもなります。利用者を介して回答書の提出を求める方法もあります。扶養義務者の同居親族が先に役所から届いた手紙を開封して家庭内トラブルになることを避けるためです。転出した子であれば年に数回の帰省を利用して記載してもらうことも有効です。そういう心遣いから金銭だけではない援助が生まれ、つながっていきます。利用者はこのようなCWの配慮に安心します。

3　精神的援助の重要性

　扶養照会で特に重要な点は、精神的援助の可否だと言えます。扶養義務者に緊急連絡先になってもらうことや金銭管理をしてもらうだけでも扶養能力の活用は図られているからです。利用者に「扶養援助」と説明をすると、金銭的援助のみのイメージを与えがちです。扶養義務者にとって扶養照会はどうしても経済的な援助の有無の確認にしか見えないことが多いからです。

　扶養義務者との関係は今までの当人同士の歴史や感情的にも非常に繊細な問題だと理解した上で、扶養義務者は利用者にとって社会資源であり、最大の支援者であるという考え方に立つと、利用者の自立支援に「扶養援助」は重要な事柄だと認識でき、意義が理解できると思います。場合によっては利用者に代わって扶養義務者との関係調整を図る支援になることもあります。疎遠であったものが関係修復に至ったりすることもあります。もちろんそこには背景、歴史、現状などが絡み合うことなので、方程式のようにはいかないこともあります。

　扶養照会は家族関係を切るためではなく、つなぐためのものです。その意識がケースワークであり、自立支援につながることになります。

【注】
1　この理解が必須と言えます。詳細な解説は本著の姉妹本である『よくわかる　生活保護ガイドブック①　Q&A　生活保護手帳の読み方・使い方』を参照ください。この項目のすべてに関わる解説があります。
2　柏木ハルコ『健康で文化的な最低限度の生活(3)(4)』小学館のエピソード参照。

8　生活保護制度の強みを活かしたケースワーク

Q41 【救護施設の利用】
身寄りのない軽度の知的障害を持つ人が単身生活をしていたのですが、犯罪に巻き込まれ、今の住宅での生活が困難になっています。どう支援すればよいのか教えてください。

A41 安全に生活ができることが最優先です。キーパーソンがいない状態であれば、人権を守るためには救護施設の利用を考えます。そこから次の展開を検討します。

　生活保護ケースワークはこのように、制度としての救護施設を利用して行うことも特徴の一つです。救護施設は生活保護法による保護施設の一つで、「身体上又は精神上著しい障害があるために日常生活を営むことが困難な要保護者を入所させて、生活扶助を行うことを目的とする施設」と規定されています。

　法律の条文を読むと、何らかの障害のために在宅生活ができない人が長く過ごす施設のように思われるかもしれません。しかし近年は保護通所事業[1]や居宅生活訓練事業[2]をしている救護施設が多くなり、地域生活への移行のステップアップをするための施設となっています。

1　事例①──軽度知的障害者が犯罪に巻き込まれるのを防ぐ

　軽度の知的障害がある人が何らかの犯罪の被害者、加害グループに巻き込まれることはよくあることです。受刑者の中に多くの知的障害がある人が含まれていることは周知の事実です。そのような人が被害を受け続けたり、犯罪と受刑を繰り返したりすることは、社会的に大きな人権問題です。

　まず安全で、安定した生活の確保を優先しました。何のために救護施設を利用するのかということを利用者と十分納得できるまで話し合うことが必要です。施設で安定した生活を送り、今まで得られなかった生活習慣を身につけることを目標に、職員の見守りの中で社会性を獲得できる訓練をしていきます。そこから保護通所事業や、居宅生活訓練事業を利用して、アパート生活をめざします。日常生活と社会生活を訓練し、就労することで自己実現ができることが現実になると、安定した在宅生活を地域で送れることになりました。

137

2 事例②──精神障害の人への支援と社会復帰

　精神科病院に入院していた30代の統合失調症の男性。幼少時に虐待を受けており、親との折り合いが悪く、症状が好転しません。家を出て長期間、入院生活を送っていました。あまりにも入院が長くなってしまったため、入院中の病院から救護施設を利用して、ゆくゆくは単身で生活できるようにしたいということで、保護申請がありました。確かにその段階では在宅生活を送るには困難な様子ではありました。救護施設を、地域生活への重要な社会資源として捉え、そこから男性の日常生活、社会生活を整えていくことを施設の職員の皆さんをメインにし、CWはあくまでもサポートに徹しました。

　その後担当を離れましたが、数年後の地域移行支援の研修で、ゲストスピーカーとして地域での生活をイキイキと語る男性を見て、救護施設の機能と自立支援の有効性を確信できました。

3 救護施設は社会参加、社会復帰へのリハビリ施設に

　知的障害者、精神障害者に、グループホームなどのサポートを受けながら地域で在宅生活を送ることを目的とした社会資源が不足しています。病院はあくまでも医療機関であって、生活をする場所ではありません。国の政策も相まって、各自治体、精神病院のPSWは積極的に地域移行を進めています。そのような中で、救護施設は地域での在宅生活を送る前の施設として、すぐの社会参加や社会復帰が難しい方のリハビリ施設として有効な施設に機能が変わっていっています。CWにとって、必要な支援のカードとして使ってほしいと、旧知の救護施設職員は言っています。

【注】

1 救護施設において居宅生活に向けた生活訓練を行うとともに居宅生活に移行可能な対象者のための訓練用住居（アパート、借家等）を確保し、居宅生活に近い環境で日常生活訓練（食事、洗濯、金銭管理など）、社会生活訓練（交通機関の利用、通院、買物、対人関係の構築等）を行うことにより被保護者がスムーズに居宅生活に移行し、継続して居宅生活を行うことができるよう支援する事業。訓練期間は原則として6ヶ月間。
2 保護施設退所者が救護施設や更生施設に通所しながら指導訓練等を実施し、または職員が居宅などへ訪問して生活指導等を実施することで、居宅で継続して自立生活が送ることができるよう支援するとともに、保護施設からの退所を促進し、施設定員の有効活用を図ることを目的とする事業。原則として退所後1年以内。

【参考文献】
・吉永純・布川日佐史・加美嘉史編著（2016）『現代の貧困と公的扶助』高菅出版

8 生活保護制度の強みを活かしたケースワーク

Q42 【医療扶助とケースワーク】
ケースワークの中で、医療扶助を有効に活用した展開で、成果が上がることがあると聞きましたが、どのようなものか教えてください。

A42 医療扶助を効果的に活用することは生活保護ケースワークの重要な役割の一つです。利用者が治療を諦めていて、他の病気を併発したり、日常生活上の不便を強いられていたりする場合があります。そのような場合に、CWの支援によって、病気が治癒し、その後の生活が劇的に改善し、就労自立にいたることもあります。次の2つの事例は、そのような事例です。

1 歯の治療は重要な支援のカギ

　求職している人で、前歯が欠けている人に就労支援をする場合、まずは求職活動に入る前に、歯の治療に専念することを優先させることが有効です。その治療の結果、日常生活や体調が向上し、就労が実現します。歯がきれいに入り、硬いものを食べられるようになったことで、パワーがつくようになり、口元を隠しながら喋る必要性がなくなり、今までとは顔のハリが違い、外出が自然にできるようになった方をたくさん見てきました。

　歯が無い人が多い背景として、保護利用前の時期に、生活困窮のために歯の治療を後回しにしてきた人が多く、前歯の治療は保険がきかないと誤解して、たとえ生活保護を受給しても、その治療は同様に無理だと諦めている人は多いようです。

　CW側も歯のことを気にせず、たとえ気づいても指摘をすることは失礼だと思い、互いに言い出さないまま推移してしまうことがよくあります。見た目、マイナス面に着目するのではなく、変化によるプラスへの効用として、歯の治療が健康にとって、今後の人生にとって重要であることを十分説明することが大切です。私も同僚も、歯のことに言及して、怒られたことはありません。むしろそこまで気にかけてくれていたことに感謝されるほどです。私の経験では、稼働年齢の方では歯の治療によって全員が就労を決められるようになっていま

139

す。皆さん、歯が入って人生が変わったことを喜んでいます。利用者の生活の質が向上することをCW自身も実感できる有効な展開です。

　就労を一例にしましたが、様々な方への支援においても重要な視点ですし、ケースワークとして有効な展開です。目の前の医療費は高くつくように思われますが、歯が無いことは様々な疾病を引き起こすことになるので、長く考えれば経済的にも社会福祉的にも効果的な支援です。

2　「それは単なる見た目ではないのか、疾患として手術ができるのか」

　腰痛の訴えがありましたが、就労不可とは診断されていない30代男性の事例です。求職活動をしていますが、なかなか仕事が決まらず、年度代わりに引き継ぎました。背は180センチ弱、体重は90キロを超える体格の良い人です。整形外科に通うものの、なかなか改善していません。医師からは変形の疾患であるが、体重に加えて、抑うつ的な精神状態も就職が決まらない一つの要因の可能性があることを指摘されていました。

　しかしその他に、すぐにわかるほどの右眼の外斜視が特徴的でした。外見上のことで指摘しにくいことなので、医師からも触れられることはなかったことです。CWではなくても誰しも、触れることなく進んでいました。しかし外斜視ゆえに物が見えにくそうにはしていました。素人ながら身体に影響があるだろうと感じていました。

　毎月の面談では今までの生活や、現在の苦悩などを中心に聞き、男性を理解することに努めました。就労阻害要因があるため、就労支援員は導入せず、CWとの信頼関係を築くことを優先させました。しかし、腰痛の一因になっている可能性のある外斜視の話が男性からは一向に出てきません。男性がそれをどう思っているか、困っているかどうかがまったくわかりませんでした。

　外斜視はある芸能人が手術をして矯正したのを私は知っていました。しかしそれが診療報酬内でできるかを知りませんでした。思い切って医療機関に問い合わせてみたところ、条件によっては医療扶助を使って手術が可能だと確認できました。眼の疾患としてはもちろん、精神的疾患、頭痛、腰痛を引き起こすなど、様々な点で問題がある疾患として捉えられています。

　今まで相談を重ねた中で、一定の信頼関係が築けたと判断し、あえてCWから切り出してみました。男性の場合、外斜視によって腰痛や偏頭痛、抑うつ症状など、様々な問題を引き起こしている可能性があるので、医療扶助すること

を、慎重に言葉を選びながら提案しました。

　男性は物を見にくい面はあるものの、普段あまり気にしておらず、人から言われたことがないが、CWがそこまで言うのならば、一度眼科受診をしてみると決断しました。こちらはかなり神経を使い、言葉を選び選び提案したので、案外あっけなく決断した展開に拍子抜けしました。それまでの関係構築があったからかもしれません。

　男性からのエピソードとして、道を歩いていて、すれ違いざまに「じろじろ見るな」と何度も他人から言われたことがあるそうです。男性はまっすぐ見ているつもりでも、疾患のある右眼が外を向き、すれ違う人をじっと見ているように思われたのでしょう。

　長年放置していたので元に戻ろうとする力が働くことを念頭に置き、手術に踏み切った男性を精神的に側面から支援しました。その結果、完全とはいえないまでも、大きく外斜視は改善しました。持病だった腰痛、偏頭痛が緩和し、精神的にも抑うつ的な症状がなくなり、気持ちが外に向くようになりました。

　回復の流れから自然に社会復帰に向かいました。福祉事務所が就労支援しなくても、男性が就労を決め、生活保護からの就労自立を果たしました。後年、街で出会った際に、眼が治って人生が変わったことを、まっすぐに私を見て言ってくれました。

Q43 【就労支援と収入認定】
就労しても保護費から引かれるだけではないか
という質問がよくあり、答えに困り、平行線を
たどることがあります。どうすれば上手く説明
できるのでしょうか。

A43 制度を説明するにあたり、なぜ生活保護制度があるのかを
理解しておく必要があります。最低生活費と収入との関係、
また制度単体で考えるのではなく、生活保護法の各制度の
中の各種控除、意味や必要性を理解すれば、説明に厚み
が加わり、納得してもらえる説明になります。

1 生活保護制度を使うケースワークとは？

　生活保護を適用することで、利用者は経済的給付を受け、医療や介護などの
現物給付を受けられますが、それ自体も制度を使うケースワークの一つです。
心理的な関与、社会資源の活用、環境調整も含め、CWの関与すべてがケースワー
クであり、ソーシャルワークでもあります。そういう意味では経済的給付、医療や
介護などの現物給付でのケースワークは基本といえます。しかし利用者は生活保護
制度の情報が圧倒的に少なく、そこはCWが生活保護制度を活用できるものを知ら
せ、仕組みを十分説明する義務があります。その説明もケースワークの一環です。

　具体的には、説明するときには、福祉事務所にある保護のしおりを使ったり、
図に書いたりして利用者が理解できるように工夫する必要があります。とかく
専門用語や役所言葉を使ったりしてしまいがちです。一方的な説明にならない
ように、例示したり、本人の状況に合わせた説明を加えたりするなど、丁寧に
確認しながら行います（保護費の説明は法解釈を誤らないようにしましょう）。

2 就労を支援するための制度を使うケースワーク

　CWは利用者の自立を支援することを目標にしていますが、その思いを利用
者と共有することが必要です。就労をしていない利用者の場合、就労した後の
展開が不安な人が多いと思います。就労収入と保護費の関係などは説明がない
とわかりにくいものになります。

8　生活保護制度の強みを活かしたケースワーク

　例えば求職活動をしている利用者にはその際の交通費や就労活動促進費の支給ができます。またパソコン技術や介護技術習得などの就労自立につながる（生活保護からの完全自立という意味ではなく、半就労半福祉も含みます）講座の受講費や交通費は生業扶助として支給できます。求職活動を応援する制度があることは重要な情報です。利用者のニーズを把握し、就労支援員や関係機関と連携してケースワークを展開します。

　就労を開始した場合、初任給が出るまでの通勤交通費は遠方になると大変です。その費用を就職支度費として先に支給することが可能です。最初に必要な工具や専用の服を購入しないといけない場合もありますし、交通費が出ない、もしくは満額支給がない就労先の場合は、実費計算をして、相当分を控除できることを知らせることで、安心感が増し、就労の継続性も高まるでしょう。

　正規の保育所が見つからずに、就労と保育の狭間のジレンマに陥ることがあります。利用料がかかる無認可の保育所などを一時的に活用しながら、正規の保育所入所を待つ利用者もいるでしょう。その利用料も就労収入から実費控除ができることを知らせることが大事です。保育所がないから就労できないではなく、利用料を控除できるから、そこを利用しながら就労をして正規の保育所入所を待とうということができます。

　精神疾患のために長期間（3年以上）就労ができなかった利用者が就職した際に、やむを得ない事情があったためということで、新規就労控除を6ヶ月間受けることができた事例も聞いています。

　今の不安定な雇用情勢では保護からの卒業は不安なものです。就労自立給付金（生活保護法55条の4）があることを説明してください。当然再度状況が変われば保護申請ができることを十分伝え、安心感を醸成ください。

　以上のようなことは「お金がないから諦めた」にはならずに、「支給があり、控除があるから希望が見えた」という、制度を使ったケースワークの展開になります。これらのことを後追いではなく、事前に情報提供することが重要です。
　制度を使う自立支援の展開を図るケースワークには制度の理解が必須です。

【参考文献】
・全国公的扶助研究会監修（2017）『よくわかる　生活保護ガイドブック①　Q&A　生活保護手帳の読み方・使い方』明石書店（Q17、18参照）

143

9 連携・協働

　今や社会福祉士などの試験科目に加えられるほど、多職種連携はソーシャルワーカーには必須な「技術」といわれています。生活保護ケースワークほど多職種との連携が必要なケースワークはありません。CWはいかに連携できるカード(社会資源)を持っているかが重要な鍵です。そして初めての場合でも、電話でもスムーズに連携できる技術が必要です。また、連携はCW自身のためにあるのではなく、利用者のためにあります。利用者を中心にした支援の技術であることに十分留意しましょう。

　しかし、連携においては、他機関との間での誤解や不信から、業務の押し付け合いになる場面もありえます。経験のなさからそうなるのではなく、ここに関してはむしろ経験が邪魔をするシーンもあります。

　本章の事例にもあるように、連携においては、顔を合わせ、支援目標を確認し、互いの機能や強みを理解して、役割分担を行い、実行、その後モニタリング(振り返り)するという、ケースワーク、ソーシャルワークの一連の作業と流れは同じです。

　そこに必要なのは連携機関への尊重、学ぶ姿勢です。まずは名刺を用意し、顔を合わせ、そこから有機的な連携・協働が始まり、プラスの化学反応が起こるわけです。

Q44　【医療機関との連携】
医療機関から、患者である利用者の生活援助をしっかりやってくださいと言われましたが、何をどうしたらよいかわかりません。

医療機関との連携で大切なことは、医療機関が福祉事務所やCWに期待していることを、具体的に詳しく聴くことです。福祉事務所から医療機関に対しても同様のことがいえます。抽象的な表現や包括的な言い方では、受け手（聞き手）の理解・解釈により誤解が生じますので、「そんなはずではなかった」、「思いどおりに動いてくれない」といった反応となります。まずは、双方の間にある取り組むべき課題について、よく話し合うことです。

1 連携の基本は互いの専門領域を理解すること

　関係機関それぞれに対して、「こんなことができるはず」、「あの機関がやってくれるはずだ」と勝手に思い込んでいるところはありませんか。

　大切なことは、『はず』『つもり』ではなく、正確に何ができる機関かを互いに理解することです。その上で、プラスαの部分は相談（協議）することとなります。わからなかったら聞きましょう。

　医療機関は、第一義的には病気を治す、悪化を止める、もしくは緩やかにすることが役割です。医師がその中心にいて、患者とともに治療方針を決め、医療スタッフにそれぞれの役割を指示して、診療に当たります。

　MSWは、医療スタッフの一人として参加しています。治療を妨げる要因の除去のために様々な調整や働きかけをする役目を担っています。院外にも院内にも働きかけを行います。しかし、医療スタッフの域を越えてまで動くことはできません。病院という組織の一員であることを認識しましょう。

2 互いに見えているところが違うことを理解すること

　医療機関は、検査データのほかに診察室等で話す内容から患者像を把握します。家族や関係者がいる場合は、周囲の人からの情報もありますが、それらも多くは診察室等で聴く情報です。患者や家族が、病院という場面で何をどのように説明できるかによって、情報量、情報内容が大きく左右されます。

　CWは、家庭訪問することを基本手段としていますので、患者や家族が言うこと以外に、生活空間からの状況情報も得られます。

　例えば、糖尿病を患っている単身世帯の場合を考えましょう。

　医療機関では、「ご飯はちゃんと作って、先生や栄養士さんの指示を守って

います」と言いますが、コントロールが悪く投薬量を増やすなど治療方法の確定に苦労しています。

CWが家庭訪問すると、居間のテーブルにスナック菓子やドーナツが置かれており、ごみ箱に菓子の空袋がいくつも捨てられています。食事について確認すると、朝晩は作っているものの、病院からの指導のように作るのは面倒で金がかかることから、ご飯とインスタント味噌汁、納豆や卵、漬物程度の繰り返しであり、昼は菓子パン1個であることがわかりました。

医療機関と情報共有できていれば、療養に際し食事に課題があることから医療機関と相談し、利用者に合う食事の取り方を考えることができます。しかし、情報共有ができていない場合には、この状態が放置され、医療扶助を適用しているにもかかわらず、病状悪化、合併症発症に拍車を掛けることにつながります。似たような事例としては、飲酒が絡む場合や服薬確保など多くみられます。

3 適切な職種とうまく連携するために

医療機関は、多職種集団です。医療機関の規模や機能により異なりますが、医師、看護師、薬剤師、MSW、PSW、栄養士、保健師、リバビリテーションスタッフ、医療事務と、多くの職種の方が働いています。CWとして抱えている課題によっては、医師よりも他の職種の方と相談したほうがよい場合もあります。MSW、PSWがいる医療機関なら、それらの職種の人ともぜひ相談しましょう。いない場合は、医療事務もしくは看護師と相談する場合が多いでしょう。

いずれにしても、福祉事務所、CWとして何を相談したいのか、福祉事務所、CWとしてできることは何でどの部分ができないのかを明らかにして、相談することが大切です。

9 連携・協働

Q45 【高齢者への支援と連携】
高齢者の支援をするにあたり、様々な機関との連携は重要だと思いますが、なかなかうまくいきません。CWとして何をどこまですればよいのか、役割分担がわかりません。どうしたらよいでしょうか。

A45 連携では互いに目標を共有し、誰が何を得意とし、最も効率よくできるかという視点が必要です。それが両者の間で合意されていることが必要となります。特に高齢者支援の中でどちらがするのがよいのかでもめることは、よくある問題ですが、世帯ごとの条件が違うなど、一概にはいえないこともありますので、合理的な線引きができないことがあります。そういう場合はどちらかという話ではなく、一緒にするという姿勢も大事です。

1 私自身も、もともと連携が苦手だった

　私の場合の話ですが、CWになったばかりの頃は、日々の業務の忙しさに追われ、関係機関からの様々な依頼やケースカンファレンスの参加要請に、どれくらい応えればよいのだろうと悩んでいました。あまりにも事務的な業務が多いなか、すべてに応えることにどのような意味があるかわかりませんでした。

　恩師の大学の先生に相談してみたところ、「カンファレンスには全部行ってみたらどうだ、依頼もすべてやってみたらどうだ」と言われました。正直、驚愕しましたが、CW経験がある大学の先生なので、まずは言われたとおりにやってみようと決めました。

　それ以降、時間の許す限りカンファレンスには参加し、関係機関にはできるだけ足を運ぶように努力しました。カンファレンスに出ることで、仕事が増えるのではないかと心配していたのですが、徐々に「顔の見える関係」を作ることができるようになったのです。関係を作ることで、押しつけ合ったりすることはなく、役割分担ができるようになり、逆に負担が少なくなり、スムーズに支援できるようになりました。

　先生がくれた助言の意味はこういうことだったことに気づきました。

147

カンファレンスでは、それぞれの機関が持っている情報を共有し、今まで知らなかった利用者の一面を知ることができます。課題がある場合は、課題解決に向けて役割分担をし、一人ではできない支援を提供できます。また、CWの役割を他機関に理解してもらう機会になります。支援者同士の有機的な連携は支援体制の強固さにつながり、当然利用者にとっても安心感を醸成することになりました。

2 在宅生活が困難になり命の危険がある高齢者への支援について

担当してすぐに、独居高齢者Aさんの夏の過ごし方が心配だと、ケアマネージャーから相談がありました。前年に脱水症状により入院することになった経緯があり、温度感覚が鈍くなっているので、夏でも暖房をつけて室内にいる様子から、今年もおそらく入院することになるだろう、場合によっては命の危険があるとのことでした。

Aさんは、日常生活のことはできていたのですが、今後在宅での生活は不安があるとして、福祉事務所内の老人福祉司に相談内容を伝えた結果、養護老人ホームの入所を検討しました。Aさん自身も単身での生活の限界を感じていましたので、この提案を受け入れました。養護老人ホームの部屋が空くまでしばらくかかったのですが、それ以前にAさんの体調が悪くなり、入院、中間的施設を経由して数ヶ月後、養護老人ホームに入所できることになりました。

ケアマネージャーとは、相談以前から関わりがあり、顔なじみの関係ではありましたが、Aさんの件で関わるうちに役割を知ることができ、ケアマネージャーが動いてくれる様子を見て、CWである自分もできることはやらなければならないと思うようになりました。病院や中間施設でAさんの問題行動も多く見られましたが、CWとして定期的にAさんのいる所に通い、面談を重ね、その問題行動について話し合うことを繰り返しました。

問題行動自体は少しだけの改善でしたが、CWが頻繁に足を運ぶことで、病院や中間施設はCWが他の機関任せにしない姿勢が伝わり、理解してもらい、耐えてくれたのだろうと思います。

また、私にとっても、実際に関係機関を訪問し、話をすることで、各機関の役割を知ることができ、それぞれの機関が様々な角度でAさんの特徴をとらえていることが理解できました。

3 おわりに

　日頃から他部署や関係機関と顔の見える関係作りを意識して、できるだけ足を運ぶように心がけて仕事をしてみると、自分が何か困ったときに助けてくれたり、相手が困ったときに相談してくれたり、良い関係を築くことができるようになりました。福祉事務所への信頼が高まることで、地域の支援力が上がることを体感できました。

　生活保護の仕事は一人ではできません。協力、連携して、より良い支援ができるように関係作りをすることも、日頃からできる仕事の一つだと思っています。

Q46 【障害者への支援と連携】
障害がある人を担当することになったのですが、どのように関係機関と関わればよいのでしょうか。

A46 障害者総合支援法上のサービスを利用するためには、市町村の障害部署との連携が必要になります。その他、障害者地域生活支援センター等の相談機関と連携することで、より多くの支援者との連携の可能性が広がります。

1　生活保護と障害福祉施策との役割分担

　生活保護と障害福祉施策との連携においては、次の事例のように、最低生活の維持という点において、障害福祉施策は十分ではなく、年金以外に大きな収入の術ない障害者の生活の維持には、生活保護が必要となります。

【事例】重度の身体障害者の男性と母の二人暮らしの世帯で、母が病気に罹患し、男性の介護を担うことができないと障害者地域生活支援センターから障害部署へ相談がありました。預貯金や障害基礎年金の収入でやりくりをしてきましたが、母の医療費がかさみ生活に困窮しており、また、介護を担ってきた母が入院等をすれば、男性は生活ができなくなることが想定される状態でした。そのため、世帯の経済面での安定を生活保護で、男性の介護を障害福祉サービスで、各資源のコーディネートを障害者地域生活支援センターが担うことにより、母は治療に専念することが可能となり、男性も今までできなかった社会参加ができるようになり、若干ですが収入を得ることもできるようになりました。

2　経済的支援について──年金と生活保護

　障害福祉施策にも、障害年金や各種福祉手当等の直接的な経済的支援や自立支援医療や各種福祉医療等の間接的な経済的支援を行う施策があります。しかしながら、これらの施策を活用しても最低限度の生活を維持することは困難です。そのため、経済的な支援は生活保護で補完するしかないことが多く、事例でも経済面での安定を生活保護が担うこととなっています。

150

9 連携・協働

3　生活支援について──障害福祉施策の活用

　障害福祉施策を活用すべき分野として、生活支援が挙げられます。代表的なものとしては、障害者総合支援法に基づくサービスである次表が代表的なものとなります。

	居宅介護(ホームヘルプ)	自宅で、入浴、排せつ、食事の介護等を行います
介護給付	重度訪問介護	重度の障害者で常に介護を必要とする人に、自宅でホームヘルプ、外出時における移動支援などを総合的に行います
	同行援護	視覚障害により、移動に著しい困難を有する人に、移動に必要な情報の提供(代筆・代読を含む)、移動の援護等を行います
	行動援護	知的障害等により、行動に著しい困難がある人が行動するときに、危険を回避するために必要な支援、外出支援を行います
	重度障害者等包括支援	介護の必要性がとても高い人に、居宅介護等複数のサービスを包括的に行います
	短期入所(ショートステイ)	自宅で介護する人が病気の場合などに、短期間、夜間も含め施設等で、入浴、排せつ、食事の介護等を行います
	療養介護	医療と常時介護を必要とする人に、医療機関で機能訓練、療養上の管理、看護、介護及び日常生活の世話を行います
	生活介護	常に介護を必要とする人に、昼間、入浴、排せつ、食事の介護等を行うとともに、創作的活動又は生産活動の機会を提供します
	施設入所支援	施設に入所する人に、夜間や休日、入浴、排せつ、食事の介護等を行います
訓練等給付	自立訓練(機能訓練・生活訓練)	自立した日常生活又は社会生活ができるよう、一定期間、身体機能又は生活能力の向上のために必要な訓練を行います
	就労移行支援	企業等への就労を希望する人に、一定期間、就労に必要な知識及び能力の向上のために必要な訓練を行います
	就労継続支援(A型(雇用型)、B型(非雇用型))	企業等での就労が困難な人に、働く場を提供するとともに、知識及び能力の向上のために必要な訓練を行います
	共同生活援助(グループホーム)	夜間や休日、共同生活を行う住居で、相談や日常生活上の援助を行います
相談支援事業	地域移行支援	障害者支援施設、精神科病院、児童福祉施設を利用する18歳以上の者等を対象として、地域移行支援計画の作成、相談による不安解消、外出の同行支援、住居確保、関係機関との調整等を行います
	地域定着支援	居宅において単身で生活している障害者等を対象に常時の連絡体制を確保し、緊急時には必要な支援を行います

　事例でも、本人の在宅での生活を支援するために「居宅介護」を、日中活動を支援するために「生活介護」を導入しました。また、母が入院等で在宅を離れる

151

場合に備えて、「短期入所」の利用も行えるようにしました。なお、障害福祉施策の利用は市町村の障害部署が担っています。

4　生活のコーディネートについて──CWと支援センターの連携

　CW自身が生活のコーディネートを行うこともあると思いますが、障害者地域生活支援センター等の相談機関と連携することで、より良いサービスの調整が可能となることがあります。利用者の場合、世帯の意向に沿って、どのようなサービスや事業所を調整するかは障害者地域生活支援センターが行っています。親子の時間を作るために夜間や休日の居宅介護の時間を短く調整したり、短期入所の利用を見据えて、短期入所を併設している生活介護事業所と調整したりと、地域の事業所同士であるからこそ把握している情報を元に調整をしてもらいました。

　事例を通して、各部署や機関がそれぞれの役割を活かして連携することで、世帯の安定が図られ、障害者の自立を援助することが見えたと思います。支援が困難な世帯への支援は、このようにそれぞれが役割を活かすことによって、有機的な連携ができます。そのときに重要な視点としては、障害を有することを含めた利用者の状況や意向を理解するとともに、その支援のためにCWは何ができるのかを知ることです。CWができることを知ることで、逆にできないことがわかり、どのような機関と連携をすれば、より良い支援ができるかを知ることができます。連携は、関係機関同士がつながることだけを意味するのではありません。関係機関同士がそれぞれの持つ強みを活かして、それを提供し合うことが本当の意味での連携といえます。

9　連携・協働

Q47　**【子どもへの支援と連携】**
担当している世帯の子どもとなかなか会えません。どうすれば子どもの状況を把握し必要な支援ができますか？

A47　子どもを支援するネットワークを活用しましょう。子どもの情報を一番把握しているのは学校です。CWの強みは家庭訪問による世帯(生活)状況の把握ですので、それらを関係機関と共有、連携して、子どもの育ちを支えましょう。

1　子どもの支援における生活保護とCWの役割

　CWは家庭訪問をしても、なかなか子どもに会うことができないことが多いと思います。しかし、子どもが生活する様々な場面で関わりを持っている専門職や地域住民は存在しています。そうした人たちと連携し、役割分担を行うことで、子どもへ適切な支援を行うことは可能です。子どもにとって生活基盤を整え、信頼できる大人に出会い、将来に向かって学ぶことは、貧困の連鎖を防止する意味で非常に重要です。生活保護制度やCWはそのための大きな可能性と役割を期待されています。

2　関係機関との連携により、子どもの高校進学の希望を実現

【事例】13歳(中学3年生)のAさんは両親と妹の4人世帯でした。父親はアルコール依存症で収入を生活費に回さず、軽度知的障害のある母親のパート収入だけで生活をしていました。光熱費の滞納が原因でライフラインが停止し、生活保護の相談に至りました。保護開始後、CWは中学3年生のAさんの進路が心配になりましたが、母親からは「卒業後は仕事をすると言っているから大丈夫」とだけ聞いていました。Aさん本人ともなかなか会うことができず困っていたところ、光熱費の支払い滞納でライフラインが止まる事態になりました。CWがAさんと妹のことが心配になり、家庭児童相談室に相談したところ、関係機関で情報共有し、支援方針を決定するための担当者会議が開催され、学校と情報共有ができるようになりました。Aさんは家計を助けるために、中学を卒業した後はすぐに働くつもりで、担任もその意向を汲み、就労支援を行う予

153

定であったことがわかりました。

そこで、CWは担任の教諭にこれまでの経過と生活保護の仕組みを説明し、Aさんと最も信頼関係のあった担任から、生活保護を利用しながらでも高校進学ができることをAさんに伝えてもらいました。その結果、Aさんは高校に進学することを希望し、学校側も進学に向けての補講を行ってくれました。また、母親に軽度の知的障害があったことを学校とも共有し、高校進学に伴う事務手続き等も丁寧に支援をしていくことができました。

3 要保護児童対策地域協議会の積極的活用

子どもを支える代表的なネットワークとして要保護児童対策地域協議会（以下、要対協）があります。要対協とは児童福祉法第25条の2に規定されており、要保護児童の適切な保護や支援を図るために、関係機関等によって構成されており、各市町村に設置されています。生活保護部局もその関係機関のメンバーです。また、要保護児童とは、「保護者のない児童又は保護者に監護させることが不適当であると認められる児童」と規定されており、虐待を受けている児童や非行少年等も含まれています。

要対協の特徴は、本人（保護者）同意がなくても関係機関で情報共有ができ、効果的な支援ができることです。CWが家庭訪問などにより、何らかのシグナルをキャッチした場合、積極的な活用が望まれるところです。

4 スクールソーシャルワーカーを窓口に学校との連携を強める

本事例のように、一つの世帯を複数の機関で関わっている場合、適切に情報を共有し、支援方針を決定することが必要になります。CWが家庭児童相談室や学校教員等の関係者を調整し、Aさんの進学を後押しできました。

また、学校と連携するときはスクールソーシャルワーカー（以下、SSW）が強い味方になります。これまで学校と福祉の間では、それぞれの役割などの相互理解が進まず連携を難しくさせていました。

SSWは福祉の専門職として主に学校で活動しており、福祉と教育をつなぐ役割を果たしてくれます。子どもの貧困対策大綱においても学校は貧困対策の推進のプラットフォームに位置づけられ、5年間（2019年度まで）で1万人の全中学校区への配置が目標とされています。みなさんの地域でも、SSWが配置されている場合は、うまく連携することで支援の幅が広がると思います。

9　連携・協働

Q48 【地域との連携】
利用者が抱える生活課題が既存の制度だけでは
解決できません。どのような支援の方法がある
でしょうか。

A48 地域の関係機関や福祉活動団体、地域住民と連携する
ことで制度の枠に捉われない支援が行える可能性があります。
しかし、連携に際しては"投げ込み型"にならないように気
をつける必要があります。

1　生活場面としての"地域"に着目した支援

　私たちが支援をしている利用者はそれぞれの地域で生活を送っています。経
済的な保障や既存の制度の活用だけでは十分な支援ができない場合もあります。
そこで、生活場面としての地域に着目することで、地域だからこそできる支援
の方法が見つかることもあります。

2　サロン活動に居場所を見つけ、充実した日々を送る高齢者

【事例】生活保護を利用している70代の男性は保護費の支給日から数日後に「保
護費を紛失した」と相談に訪れました。これまでも何度か同じような理由で保
護費を紛失していました。おかしいと思ったCWが男性の話を丁寧に聴くと、
実はパチンコで保護費の大半を消費してしまっていたことがわかりました。男
性は若い頃は建設業で生計を立てており、職を求めて町から町へ転々としてい
たため、今住んでいる町に友人がいませんでした。そして、その寂しさを紛ら
わすためにパチンコにのめり込んでいたようでした。CWはギャンブル依存の
治療と男性の居場所が必要だと感じ、社会福祉協議会の地域福祉コーディネー
ター[1]（以下、地域福祉C）に相談をしました。地域福祉Cは男性には居場所と
社会的な役割が必要と考え、地域住民が活動している高齢者のサロン活動の利
用を提案しました。事前に地域福祉Cが地域住民との調整を丁寧にしたおかげ
で男性は非常に居心地のよさを感じ、毎週参加することになりました。しばら
く参加すると、地域住民から男性にスタッフとして参加してみないかと申し出
があり、男性はそのサロンでこれまでの仕事のスキルを活かして営繕などを担

155

当し、運営の中心的な役割を担うようになりました。それ以降、パチンコで保護費を消費することもなく、充実した毎日を送っています。

　近年"地域との協働"が福祉分野でも政策として進んでいます。地域ではボランタリーな活動を中心とした取り組みが広がっています。公的な制度だけではなく、地域で取り組まれている様々な活動と協働することで、事例のように利用者へのより良い支援が展開できる可能性が広がります。

3　地域との協働の留意点①──地域に足を運び活動を知る

　しかし、地域住民の取り組みと協働するときに注意しなければならないこともあります。まずは、地域でどのような活動が行われているのかを把握することです。これは生活保護部局ではなかなか把握しにくい情報です。社会福祉協議会の地域福祉Ｃやコミュニティソーシャルワーカーに相談してみるとよいと思います。そして、利用者さんに情報提供をする前に、一度CW自身がその場を見学に行くことをおすすめします。地域福祉Ｃに相談すると活動の担い手である地域住民との関係を調整してくれると思います。

4　地域との協働の留意点②──"投げ込み型"にならないように

　次に、地域の取り組みはあくまでもボランタリーな活動であることを理解することです。地域住民の皆さんはそれぞれの目的や多様な価値感を持って活動をされています。それを支援者が理解せずに、CWの思いだけで『投げ込んで後はお任せ』では地域との協働も、ましてや信頼関係の構築も難しいと思います。この場合も、まず地域住民とともに地域福祉活動を行っている地域福祉Ｃに相談をして、取り組みの情報収集から地域住民との協働に向けた調整を図ることが必要です。そのためには、それぞれの専門職の特性を活かしてチームで支援をしていくという視点が必要です。

【注】
1　地域福祉コーディネーターは社会福祉協議会に配置されている専門職で、地域における福祉活動の推進を支援しています。小学校区や中学校区などのエリアに配置されており、日々地域住民と協働した支援活動を展開しています。

156

10 ケースワーカーとして、組織として、福祉事務所の中ではぐくむチカラ

　ここまでの本書の展開の中で、様々な具体的なケースワーク、ソーシャルワークの技術、知識、それらを下支えする価値を紹介しました。いわば「仕事づくり」といってもよいでしょう。それらはすべてのCWが、社会福祉実践として行うことができるものです。

　本書を締める最終章として、生活保護ケースワークに必要な要素を二つ取り上げます。一つは、ケースワークを展開するCW個人について考えていきます。「人づくり」といってもよいでしょう。どのようにすれば、CWに求められる専門性、実践力が構築できるかです。もう一つは、そのCWが所属する組織が求められている姿について考えていきます。これは「職場づくり」です。どんなにいい仕事をしようと思っても、職場の支えがなければ十分にはできません。これらの意味から、生活保護ケースワークは、最後は人であり、人を支える組織次第だといえます。

Q49　【人づくり（CWとしての成長のために）】
CW個人として今後の実践で気をつけていくことはどのようなことでしょうか？　そのためには何をしていけばよいでしょうか。

A49　私自身は経験を積む中で、心に刻んでいる恩師からの言葉があります。「他者の弱さや困難に関わる専門職は自ら戒めを」。社会福祉の現場はいくら相手の立場に立って支援をしようとしても、上から目線になる危険がある仕事です。

1　逃げても大きくなるだけの心の影

　CWの仕事自体が利用者の感情に共感するとともに、自身の感情をコントロールすることが求められる感情労働ゆえに、自身の感情が揺さぶられ、時に打

157

ちひしがれ、逃避したくなることもあります。押し寄せてくる事務の量、複雑で解決が見えてこない相談。それらは自分のペースで解決に至らないことが多いのでなおさらです。そのようなときにはどうしても自分を責めるか、相手を責めてしまいます。それが感情労働としての特徴であり、ダークサイド(暗黒世界)に落ちてしまいそうになる面です。

感情労働だから一定の吐き出しは必要ですし、愚痴が出るのは仕方がありません。それは医療、教育、その他の社会福祉現場でも同様でしょう。ただし人権を守る仕事ですので、愚痴が悪口にならないように歯止めは必要です。自分の仕事を貶めるような発言は、結局天につばを吐くようなものになります。

ストレスには回避という対応も大事です。精神的に休養を取ることも必要です。それでもストレスは逃げれば逃げるほど、さらに大きくなることも事実です。

2 逆にあえて真正面から捉えてみたらどうなるか

ある大物俳優が、うまく演技ができずに悩んでいた若手俳優から「どうしたら演技がうまくなれますか」と相談を受けた際にこう答えています。

「この仕事そのものを好きになればいい」。

仕事がうまくいかず、うまくなりたいと思うときは仕事を好きになるのが王道であり、近道です。では「どうしたら仕事を好きになれるか」と考えた場合、気持ちを奮い立たせるとかの問題ではなく、結局仕事そのものの意味を考え、理解することだと思います。なぜこの仕事が存在して、どういう意味があるのかということを理解することです。本書でも多くの人が「理解する」ことの重要性を説いていますが、貧困問題そのものに、利用者の生活に、法制度の意義に、それぞれ正しい理解が必要です。

CWとしての自身の社会的な役割が理解できれば、たとえ責任が重く感じられたとしても、社会的に意義がある仕事として理解できるようになり、それだけでも随分違和感は減り、気持ちは楽になってきます。

あえて正攻法に立ち正面から受け止め、貧困問題を理解していけば、不条理だと思っていた気持ちは少しずつ減っていきます。それが利用者への支援に自然に反映され、良い循環になっていきます。

3　明日からできるいくつかのこと

　私の経験で恐縮ですが、以下のように考えています。

(1)「貧困を隣にあるものとして捉える」

　自分自身も、自分の家族も貧困になることはまったく否定できません。あり得ます。それほど身近なものだと思います。そこに心を寄せることです。自分が貧困状態であることを想像してみます。どういう気持ちになり、どういう支援が必要だと思い、CWとどんな関係を作ればよいかという想像を、逆の発想でしてみます。そうなると福祉事務所をCW目線ではなく、利用者目線で少し客観的に見られるようになります。

　理解がなければ支援の関係は生まれてこないはずです。人を支援する支援者特有の問題ですが、自分たちの持つ基準で測らない（＝自分の物差しだけで測らない）ということが必要です。

(2)「利用者はどういうCWを求めているか？」

　役所が組織としてCWに何を求めるかという問いはよく聞きます。しかし利用者がCWのどういうところを見ているか、見られているかという問題意識はサービス業では当たり前のようですが、案外公務労働では語られません。残念ながらそれが公務員の弱いところかもしれません。

　利用者はCWに何を求めているのかという問いを考えるのに、当事者意識を持たざるを得ない究極な質問があります。「もしも自分の親やきょうだい、子どもが利用者ならば、どういうCWに担当してほしいか」という問いです。姿勢、言葉づかい、人権意識など、今の職場の風土、文化は皆さんの親、きょうだい、子どもを託せる状態かという問いになります。それとこれとは結果的に答を明確にしていませんが、明日は我が身として、貧困を自分に置き換えて考える時代として察していただけると思います。

(3)「周りから、利用者から、学べているか」

　公務労働の中でも、CWは多様な関係機関と接触をする仕事ですから、その接触する関係機関の皆さんから学ぶ姿勢を持つことが重要です。そこに人権を守るプロ意識を感じることができるような場面があります。私自身、過去に出会った医師、支援者などの方からCWとしての矜持を持ち続けることができる言葉をいただいてきました。それが私の仕事の原動力になっています。

　また、私は利用者こそケースワークの師だと思い仕事をしています。医療はいのちを助けながら患者から学び、教員は勉強を教えながら生徒の姿から学ぶ

ように、私たちCWも同様のことがいえると思っています。支援対象となる利用者から学ぶことができるかどうかが、ケースワークにとっての重要な分岐点といってよいでしょう。疾患などの知識は利用者から学んできましたので、実践的な知識となりました。利用者から学ぶ姿勢が支援力の向上となっています。

(4)「レベルアップのススメ」

自分自身をブラッシュアップさせていかないと、技術はどんどん錆びていきます。知識もどんどん古くなっていきます。そういう意味では磨くことが大事です。狭いところではどうしても知らず知らずに偏ったものの考え方になってしまいます。「井の中の蛙」になる可能性が高いです。医師が学会や研究会に出席するように、CWも外の世界とつながり、外に出て行きましょう。自分の価値観、技術、職場の風土はどの位置にあり、全国で通用するものかどうかが見えてきます。各種研修会やセミナーなどに参加されてはいかがでしょうか。

CWと研究者、関係機関の人々などが貧困問題を中心に実践と研究活動をしているのが全国公的扶助研究会です。全国公的扶助研究会は、一人ではないことを実感し、連携し、協働できる場です。誰かとつながることで、自分自身の足元が照らされ、方向が見えてきます。結局自分を助け、自分を守ることにつながります。

【参考文献】
・杉村宏(2002)『公的扶助——生存権のセーフティーネット』放送大学教育振興会

10 ケースワーカーとして、組織として、福祉事務所の中ではぐくむチカラ

Q50 【魅力的な職場づくり】
CWとして成長していくために、組織との関係を考えた場合、どのような視点を重視していく必要があるのでしょうか。

A50 組織（福祉事務所）は生活保護の遂行の上では、人権を尊重し、守るのが最大の目標でしょう。それを守るためにある生活保護法を遵守し、法の趣旨に則って運用し、福祉事務所を民主的に運営していくことが必要だと思います。CW目線で考えることは重要ですが、それが強すぎて利用者目線や配慮が抜け落ちては、良い組織とはいえません。

　CWの仕事を、恣意的な視点ではなく、社会福祉の原点をもとにした視点で仕事をしやすくすることは、結果的に利用者の福祉の向上、地域の住民の福祉に通じるものになります。CWが属する組織、職場そのものが良くなければCW個人の力は発揮できません。魅力ある職場であればCWが輝いていきます。職場が良くなればCWも活躍できるフィールドが整うわけです。そのような視点で漫画『健康で文化的な最低限度の生活』（柏木ハルコ、小学館）を例にとって考えてみると、いくつかの事柄が職場づくりの上で土台となり、効果が実践で現れていることがわかります。

1　会話のある職場

　仲間の支え合いは普段の会話、雑談から生まれます。職員間で会話、雑談ができる雰囲気が、困っているCWにとっては気軽に相談できる雰囲気づくりとなります。SV（査察指導員）、先輩職員との間のスーパービジョンも気軽に受けやすくなります。

2　同行訪問

　CW同士、SVとともに、時にはチームとして役割分担をして複数人で訪問に行くこともあります。どうしても行きにくい世帯の訪問もあります。職場の中でのチームとしての連携はCWを孤立させない、重要なことです。苦しみも

161

喜びもわかち合える関係、孤立させない、一人じゃない、互いに高め合える関係、尊敬し合える関係がそこには見えてきます。

3　実践的なケース検討会

　63条、78条の決定に必要なものだけではなく、今困っている事例検証を、別室を取ってフォーマルに、席の周りに集まってインフォーマルにと、実施しています。両方開催しているということが重要です。失敗から学ぶ事例検証という視点も医療などと同様に大事です。CWの志気を高めるためには成功事例の紐解きも有効です。成功は偶然ではなく、必ず要因があります。そこを分析し、その要因を共有することが、組織としての支援力向上につながります。

4　実践的な多職種連携

　組織全体にそういう雰囲気がないところがあるようですが、残念なことです。支援の溝を作っていると思われます。連携による支援のマジック（劇的な展開）を経験していけばCWは一人ではないと実感することでしょう。医療機関や介護関係機関と、相互理解、連携の礎のための合同研修などを実施している福祉事務所もあります。このようにして「顔の見える地域づくり」が可能となります。

5　CWの自主性の尊重

　よい職場ではCWが実際に見聞きしたことを尊重しています。そこにはCWとSVの信頼関係が見えます。進行管理が大事な仕事ですので、どうしても上意下達になりやすい面も否めません。しかしケースワークの場面で実際に利用者と面談したCWの意見を尊重している職場は、CWが活躍できる民主的な所です。

6　CW個人の変化に関心を寄せる

　感情労働ゆえにCWの心情が仕事に変化をもたらせます。うまくいかないとき、スランプに陥るときもあります。CW同士が同僚に関心を持ち、その変化に気づき、相談に乗り、助言できる関係、雰囲気を持っておくことは、ありがたいものです。いざというときの助け合いこそ組織の強みにつながります。

7 当事者からの学び

利用者から学ぶ視点が組織全体にあるかどうかはCW全体の支援力につながっています。ケースワークには自省、自戒する謙虚さが必要です。利用者から学ぶ姿勢がケースワーク力の向上になることを実感できます。

8 バックヤード（福祉事務所内部）での利用者の呼び方

CW、管理職が利用者を普段からどのように呼んでいるかということは常に気になります。人権意識が高く、利用者目線で支援ができている福祉事務所ではバックヤードでの利用者の呼び方はいかなるときも「○○さん」を使用しています。本人がいない所でも決して呼び捨てはしません。利用者を尊重することはCW自身も尊重することにつながります。そういう姿勢はいくら隠そうとしても隠しきれず、支援に現れてしまいます。福祉事務所の風土や文化の醸成、CWの支援力向上につながる重要なポイントだと思います。

9 人権を守る意識

「いのちとくらしを守る」という使命がCWにも感じられることで、CWの仕事への不全感はずいぶん減り、自己評価が高まり、ケースワーク自体にもそれが反映される、プラスの連鎖が起こります。それが福祉事務所の文化、風土になります。自治体そのものが住民の「いのちとくらしを守る」姿勢となります。倫理観・人権感覚・意識が根底にあると、違うケースワークが展開され、自立支援の効果が大きく現れます。

10 福祉専門職の育成と研修参加の促進

近年採用が増えていますが、福祉専門職を採用すればすべてを解決できるわけではありません。その育て方、活用の仕方のビジョンが必要です。他都市などとの交流がないところは孤立し、成長できません。「井の中の蛙」にならないことが大事です。積極的に研修やセミナーなど、外に出ることを支援してください。これは専門職に限りません。自主学習を支援し、それができる雰囲気を醸成していけば、結果的にはCWの良いところをストレングス視点で向上させることができます。その維持は常に意識を持ってしていくことが秘訣です。

【執筆者紹介】（掲載順。所属および担当箇所。編著者の略歴は右頁参照）

吉永　純	花園大学	1章、Q5・34	
衛藤　晃	神戸市灘福祉事務所	はじめに、Q6・7・17・27・29・30・31・33・41・42・49・50	

渡邉　秀明	東京都杉並区役所	Q1・2・3・4・14・15
田中　栄司	新潟市役所	Q8・13・19・38
小島　夕貴子	神戸市役所	Q9・12・16・28・32
岡本　彩那	神戸市役所	Q10・11・43・45
沼田　崇子	盛岡市くらしの相談支援室	Q18・21・22・44
澄川　智広	尼崎市役所	Q20・40
楢府　憲太	ふじみ野市役所	Q23・25・35
仲野　浩司郎	羽曳野市役所	Q24・39・47・48
森下　千鶴子	京都市役所	Q26・37
小西　男	京都市役所	Q36・46

【編著者略歴】
吉永 純（よしなが あつし）
花園大学社会福祉学部教授（公的扶助論）、全国公的扶助研究会会長。
1979年京都大学法学部卒業、2010年京都府立大学大学院後期博士課程
修了、博士（福祉社会学）。1982年に京都市役所に入り福祉事務所を
中心に、生活保護ケースワーカー（12年半従事）、生活保護監査、ホー
ムレス支援等に携わる。著書『生活保護の争点』（高菅出版、2011
年）、『生活保護「改革」と生存権の保障』（明石書店、2015年）など。

衛藤 晃（えとう あきら）
神戸市灘福祉事務所生活保護ソーシャルワーカー、全国公的扶助研究
会副会長、神戸公的扶助研究会代表、社会福祉士。1992年大阪府立大
学社会福祉学部卒業、同年神戸市役所に福祉専門職として入り、福祉
事務所で20年、知的障害者支援施設で6年間従事。共著書『震災に向
きあったケースワーカーたち』（萌文社、2012年）。

よくわかる 生活保護ガイドブック ②
Q&A 生活保護ケースワーク　支援の基本

2017 年 11 月10日　初版第 1 刷発行

監修者	全国公的扶助研究会
編著者	吉 永　純
	衛 藤　晃
発行者	石 井 昭 男
発行所	株式会社 明石書店

〒 101-0021　東京都千代田区外神田 6-9-5
電　話　03（5818）1171
Ｆ Ａ Ｘ　03（5818）1174
振　替　00100-7-24505
http://www.akashi.co.jp

組　版	朝日メディアインターナショナル株式会社
装　丁	明石書店デザイン室
カバーイラスト	柏木ハルコ
印　刷	モリモト印刷株式会社
製　本	

（定価はカバーに表示してあります）　　　　ISBN978-4-7503-4584-0

JCOPY 〈（社）出版者著作権管理機構 委託出版物〉
本書の無断複写は著作権法上での例外を除き禁じられています。複写される場合は、その
つど事前に、（社）出版者著作権管理機構（電話 03-3513-6969、FAX 03-3513-6979、e-mail:
info@jcopy.or.jp）の許諾を得てください。

Q&A 生活保護利用ガイド
健康で文化的に生き抜くために
山田壮志郎編著
●1600円

間違いだらけの生活保護バッシング
Q&Aでわかる 生活保護の誤解と利用者の実像
生活保護問題対策全国会議編
●1000円

間違いだらけの生活保護「改革」
Q&Aでわかる基準引き下げと法改正の問題点
生活保護問題対策全国会議編
●1200円

格差・貧困と生活保護
「最後のセーフティネット」の再生に向けて
杉村宏編著
●1800円

新貧乏物語
しのび寄る貧困の現場から
中日新聞社会部
●1600円

入門 貧困論
ささえあう/たすけあう社会をつくるために
金子充
●2500円

居住の貧困と「賃貸世代」
国際比較でみる住宅政策
小玉徹
●3000円

新版 ソーシャルワーク実践事例集
社会福祉士をめざす人・相談援助に携わる人のために
渋谷哲/山下浩紀編
●2800円

貧困問題がわかる シリーズ 全3冊
▼大阪弁護士会 編
■四六判/並製 ◎各1800円

最大の人権問題といえる貧困問題の解決には、雇用・福祉の各分野の制度・政策に関する横断的な理解が必要。大阪弁護士会が実施する講座を基に、問題のポイントをわかりやすく解説するとともに、具体的な政策を問う書籍シリーズ。

❶ 貧困を生まないセーフティネット
貧困から人びとを守るべき生活保護・年金・雇用保険・住宅のセーフティネットについて、第一線の研究者が提言する。【執筆者】吉永純/阪田健夫/里見賢治/和田肇/木下秀雄/平山洋介

❷ 貧困の実態とこれからの日本社会
——子ども・女性・犯罪・障害者、そして人権
子ども・女性・犯罪・障がいといった諸相に表れる貧困問題について第一線の研究者が提言し、今後の日本社会のあり方を問いかける。【執筆者】阿部彩/大沢真理/浜井浩一/尾上浩二/二宮厚美

❸ 世界の貧困と社会保障——日本の福祉政策が学ぶべきもの
ヨーロッパ・アメリカ・アジア各国の貧困問題に対する政策・福祉制度を知り、日本が学ぶべき点を考えていく。【執筆者】渡辺博明/山田真知子/木下武徳/丸谷浩介/福原宏幸/脇田滋/布川日佐史/ヨハネス・ミュンダー

〈価格は本体価格です〉

生活保護「改革」と生存権の保障

基準引下げ、法改正、生活困窮者自立支援法

吉永 純 [著]

◎A5判／並製／272頁　◎2,800円

近年の生活保護バッシングを機に、基準引下げ、生活保護法改正が進み、生活保護制度に後退が生じている。それに対する審査請求や裁判例と成果、生活・住宅・医療扶助、2015年施行の生活困窮者自立支援法等を詳細に論じ、生活保護と生存権保障の展望を示す。

【内容構成】

第1部　生活保護基準引下げと法改正、生活困窮者自立支援法

第1章　生活扶助基準の検討　〜引下げに理はあるか〜

第2章　住宅扶助のあり方　〜家賃準拠追随型から居住水準保障型へ〜

第3章　生活保護法の改正
　　　　〜「水際作戦」強化、扶養の復古的強化、ワークファースト、不正受給対策の厳格化などによる、最後のセーフティネットの弱体化〜

第4章　生活困窮者自立支援法

第2部　生活保護争訟をめぐる諸課題

第5章　保護の申請

第6章　稼働能力　〜半失業時代の生活保護・稼働能力活用要件のあり方〜

第7章　外国人と生活保護

第8章　生活保護法63条、78条の再検討

第3部　生活保護制度をめぐる諸課題

第9章　医療扶助の課題
　　　　〜「最適水準」の維持、医療へのアクセスの改善、スティグマ解消が急務〜

第10章　災害と生活保護

〈価格は本体価格です〉

シリーズ よくわかる 生活保護ガイドブック

貧困と向き合う生活保護ケースワーカー・福祉関係者必読の書！ 新人からベテランまで、すぐに役立つ。

1 Q&A 生活保護手帳の読み方・使い方

全国公的扶助研究会 監修　吉永純 編著

【内容構成】　　　　　　　　　A5判／並製／160頁 1300円＋税

第1部：生活保護手帳・実施要領への招待　1 生活保護手帳・実施要領活用法／2 目からウロコの生活保護の目的、原理、原則とその勘どころ／3 さらなる学習、レベルアップのために

第2部：生活保護Q＆A　1 保護の申請／2 実施責任／3 世帯の認定／4 資産の活用／5 稼働能力の活用／6 扶養義務の取り扱い／7 生活保護の各扶助／8 収入の認定／9 保護の決定／10 生活保護の停止・廃止／11 保護費の返還・徴収／12 その他

2 Q&A 生活保護ケースワーク 支援の基本

全国公的扶助研究会 監修　吉永純・衛藤晃 編著

【内容構成】　　　　　　　　　A5判／並製／168頁 1300円＋税

1 生活保護ケースワークへの招待──いま、なぜ 生活保護ケースワークなのか／2 支援者と利用者、対象者とその関係／3 自立助長と自立支援の意味／4 ケースワークとソーシャルワーク／5 ケースワークの基本・訪問と記録／6 課題別の支援のポイント／7 就労支援ソーシャルワーク／8 生活保護制度の強みを活かしたケースワーク／9 連携・協働／10 ケースワーカーとして、組織として、福祉事務所の中ではぐくむチカラ

〈価格は本体価格です〉